進化する 刺身料理

魅力を高める刺身の料理づくりと調理技術

大田忠道 著

はじめに

いま、刺身料理の世界が広がる

刺身は旬と鮮度がもっとも重視されています。もちろん日本料理では大切な考え方ですが、現代は養殖技術が進歩し、旬を超えて使える魚貝が増えています。流通網も発達し、全国各地からいろいろな魚種が仕入れられるようになっています。こうした時代変化をぜひ刺身料理に活かし、レパートリーをもっと拡げていっていただきたいと思います。

刺身料理はお客様に人気が高く、店の評価を決める重要な料理です。しかし、多くの和食店や居酒屋はあまりレパートリーが広いとはいえません。マグロやタイ、イカなどの単品盛りや三種、五種盛りなど定番の刺身が中心になっています。これからは、全国のいろいろな魚種を使った刺身、調理法に工夫を加えた刺身料理、つけ醤油のバリエーションを持たせた刺身料理…など、多様な発想で刺身料理を進化させ、他店との差別化を図る必要があります。

調理法で刺身料理にバリエーションを

刺身は生で出すだけでなく、調理法を工夫すれば魅力はもっと高まります。昔から酢〆、昆布〆、湯引きといった仕事がありましたが、柑橘〆、マリネ、ごま醤油づけ、麹づけ、炙り、スモークなど調理技

術の幅を拡げることで、味わいは拡がります。

つけ醤油も刺身醤油やぽん酢だけでなく、洋風、中華風、韓国風のつけだれ、フレンチやイタリアン、アジアンテイストのソース、ドレッシングなどで新しい味が生まれてきます。刺身としてだけでなく、和え物やサラダ、マリネといった手法を加えると料理の幅はどんどん拡がっていきます。

他の食材との組合わせも、味に深みを与えます。刺身に野菜を巻く、フルーツを合わせる、チーズやフォアグラなどの洋食材と組合わせる…等々。現在、手に入る食材は豊富です。

盛りつけや演出がお客様に感動を呼ぶ

料理に盛りつけは大切な技術ですが、現在、刺身料理にとってますます重要なポジションを占めるようになってきているのです。とくに最近は写真映えする料理がお客様に喜ばれます。

色どりや豪華さに加えて、酒器やサラダポットに盛ってお洒落なイメージをつくったり、串に刺すなど盛りつけの面白さを演出するなど、新しい時代の刺身料理を創作することが大事になってきています。

進化こそ、料理を古びさせることなく、お客様に感動を与え続ける技術なのです。

大田忠道

進化する刺身料理［目次］

第一章

魚種別　人気の刺身料理

真鯛

鮃

金目鯛

栄螺

ツブ貝

帆立貝

平貝

第二章

盛り合わせ・小鉢の刺身料理

盛り合わせの刺身料理

姿造りいろいろ

小鉢の刺身料理

第三章 刺身をおいしくする技術

魚貝のおろし方

刺身の切りつけ方

魚貝のおいしさを引き出す仕立て方

第四章

材料と作り方

「魚種別　人気の刺身料理」「盛り合わせ・小鉢の刺身料理」

本書をお読みになる前に

本書の構成について

●第一章では魚貝別に人気の刺身料理を、第二章では趣向を凝らした盛り合わせや姿造り、小鉢の刺身料理をカラーで紹介しています。

●第三章では刺身を作る上で必要な魚貝のおろし方や刺身の切りつけ方、あしらいやつけ醤油について解説しています。

●巻末に第一章、第二章で紹介した料理の材料と作り方を掲載しています。

魚貝の表記について

●魚貝の呼称については地方名が多く、関東と関西でも違います。できるだけ標準名で表記していますが、一部地方名を残したものもあります。

刺身の用語について

●「おろし身」は、魚をおろした後、腹骨や小骨を取り除いたもの、「上身（じょうみ）」は、おろし身の皮を引いたものとしています。

●「サク取り」は、刺身に切りつけるのに適した大きさ、形に整えること。

●「上身（うわみ）」「下身（したみ）」とは、魚の頭を左、腹を手前においた時に、上側の身を上身、下側の身を下身とします。

料理用語について

●「だし」は、昆布とカツオ節で引いた一番だしのこと。昆布20gを水1ℓに2～3時間つけ、中火にかけて煮立つ寸前に昆布を取り出し、沸いたらカツオ節30gを加えて火を止め、アクを取り、カツオ節が沈んでから漉したものを使います。

●「立て塩」は、海水程度の塩分濃度の塩水のこと。

●「玉酒」は、水に一割ほどの酒を加えたものです。

●「吸い地八方だし」は、あしらいの野菜に下味をつけるときに使用しています。だし4カップに塩小さじ4/5、酒小さじ1、淡口醤油小さじ1/2で調味していますが、好みで加減してお使いください。

●材料の計量単位は、1カップは200㎖、大さじ1は15㎖、小さじ1は5㎖です。適量とあるものは、お好みでちょうどよい量を調整してください。適宜とあるものは、お好みでご用意してください。

第一章

魚種別 人気の刺身料理

四方を海に囲まれた日本では、全国各地に個性あふれる魚貝が豊富にあがります。
四季折々の旬の魚貝を使った刺身は日本料理の華ともいうべきもの。
それぞれの魚貝の特質を知り、個性に合わせた刺身に仕立てることで、
刺身料理の魅力がいっそう高まります。

真鯛

白身の美しさ、皮目の美しさは、〝めでたい〟魚にふさわしく、上品な味わいもまた格別です。刺身では、プリプリとした身質を食べやすく、やや薄めに切りつけます。天然のマダイは大変高価ですが、養殖ものも多く出回り、一年中使いやすい魚です。

タイと筍の竹皮包みスモーク

焼き霜造りにしたタイを、出会いの筍、こごみ、ぜんまいと一緒にスモークをかけた変わり造り。竹皮をほどくと、スモークの香りと山菜の香りが立ち、香りも味わいも生の刺身とは違った驚きのある一品です。山菜との取り合わせですから、黄身酢やごま酢など、コクのある合わせ酢をつけ醤油代わりに添えます。

＊作り方は182頁

真鯛

タイのお造り

引き造りとそぎ造りなど、切りつけ方を変えると、同じ魚でも歯当たりが変わり、また違ったおいしさが広がります。タイは皮目もおいしく、皮も湯引きして添えると喜ばれます。一種盛りの場合、けんやつまなどあしらいは複数用意し、食べ味に変化をつけます。

＊作り方は182頁

＊作り方は182頁

タイの薄造り醤油ジュレ

醤油ジュレの上に薄造りにしたタイを並べ、花のように作りました。中心にもタイの花造りを盛り、あしらいも食用花や飾り切りの花で、花尽くしに。ジュレはプルプルとやわらかく作ると口溶けもよく、造り身とのからみもよくなります。

真鯛

桜ダイの姿盛り

タイの姿造りはお祝いの席に欠かせません。ここではメロンに桜を施したむきもので、時季の桜ダイに花を添え、宴席をにぎやかに盛り上げます。けんも大根、人参、胡瓜と彩りよく三種類を添え、あしらいにも工夫し、盛り映えを意識しました。

＊作り方は182頁

真鯛

タイの茶ぶり

茶ぶりはよく冷やしたお茶の中で造り身をくぐらせ、余分な脂やクセを抜く手法。身がさっぱりとして、初夏の季節にふさわしい仕立てです。青もみじの葉を添えれば、清涼感がより際立ちます。氷の上にのせてもよいでしょう。刺身醤油を別に添えます。

＊作り方は183頁

タイの変わり造り

＊作り方は183頁

こんがり焼いた薄揚げの上にタイの造り身をのせて変わり造りに。歯切れのよい野菜のけんをたっぷり添え、薄揚げでタイや野菜を巻いて食べてもらうと、油のコクも加わり、食べ応えも十分です。何より見た目の驚きで話題性も高まります。

真鯛

タイの五色巻き

青柚子、醤油、わさび、梅肉、岩海苔の五種類のゼリー寄せを、タイのそぎ造りで巻き込みました。昆布だしベースのゼリー寄せの素を作り、ここへタイと相性のよい香りや味のものを加えていきます。寒天とゼラチンを合わせて使い、しっかりとした食感に作ると、タイの歯応えにもなじみます。

＊作り方は183頁

＊作り方は184頁

タイのかぶと造り

端午の節句に、祝いの気持ちを込めて、デコポンで兜《かぶと》を作り、これを釜にしてタイの花造りを盛り込みました。むきものや飾り切りは、季節や行事を表現することに長けた日本料理に欠かせない仕事です。ここでは、さらに青竹に造り身を並べるなどユニークな盛りつけで、お子様にも喜んでいただける仕立てを工夫しました。

焼き椎茸盛り タイの炙り造り

ソテーしたジャンボ椎茸の上にタイの造り身をのせて炙り、ステーキのように食べてもらう洋風仕立ての刺身です。半生の状態に火が入り、少し温かくなったところを胡麻ドレッシングですすめます。つけ合わせの野菜もたっぷりと用意します。

*作り方は184頁

鮃

淡白で上品な味わいと、透明感のある身質を持つ高級魚です。引き締まった身は、そぎ造りや薄造りにするのが一般的。身の両側についているエンガワのコリコリとした食感も人気が高く、刺身にすると喜ばれます。旬は冬。

ヒラメのエンガワ

珍重されるエンガワのみを使った贅沢なお造りです。エンガワはコリコリとした歯応えがあり、鹿の子庖丁など庖丁を入れて食べやすくします。菜の花に蝶で春らしく。紫キャベツやパールめんなど、少し変わったあしらいを添えると、斬新さが加わります。

＊作り方は184頁

鮃

ヒラメの薄造り

皿が透けるほどの薄さに切りつけ、伝統的な放射盛りに。どこを取っても均一の厚みに整った切りつけと端正な盛りつけは料理人の腕の見せ所でもあります。中骨はじっくりと素揚げにして前盛りにし、造り身とは違った食べ味を添えます。つけ醤油はポン酢醤油と刺身醤油の二種類用意し、お好みで食べてもらいます。

＊作り方は185頁

鮃

ヒラメの三色砧巻き

さやいんげん、赤パプリカ、錦糸卵と三色を揃え、ヒラメの造り身と一緒に砧巻きに。造り身は端身を活用することもでき、他の白身魚で応用することもできます。酢の物やつまみにもなる小鉢の一品です。大根の桂むきは甘酢につけているので、つけ醤油なしですすめます。

＊作り方は185頁

＊作り方は185頁

ヒラメの彩り野菜巻き

オクラ、茗荷、はす芋など野菜を造り身で巻く、ヘルシー感のあるお造りです。ヒラメの歯応えとは違った野菜の歯切れを加え、けんをたっぷり添えることで、刺身の印象もサラダ感覚に変わります。黄身酢やごまドレッシングなど、コクのある合わせ酢やドレッシングですすめます。

金目鯛

年間を通じて脂ののりがよく、近年人気が高まっている魚です。皮目もおいしく、焼き霜や炙りにすると、脂の旨みが引き出され、若い人から年配の人まで年齢を問わず、喜ばれる刺身になります。ぱっと目を引く色合いもあでやかです。

キンメダイのカルパッチョ

フタを開けた瞬間、スモークの中からキンメダイの薄造りと彩り豊かな野菜があらわれる演出が楽しいカルパッチョ。ドライアイスを忍ばせるだけなので、仕掛けは思いのほか簡単です。キンメダイは皮目の旨みを活かし、焼き霜造りに。梅肉ドレッシングなど少しオイリーさを加え、しっとりと食べてもらいます。

＊作り方は186頁

金目鯛

キンメダイの湯引き造り

脂がのっている魚に有効な手法が湯引き造りです。熱湯で皮目をやわらかくし、皮もおいしく造ることができます。数本切り目を入れてから切りつけると、皮目も食べやすくなります。すだちを挟み、柑橘の香りと酸味でさっぱりと仕上げます。

＊作り方は186頁

キンメダイの炙り造り

客席で最後の工程をみせるパフォーマンスはどんな料理でも喜ばれるもの。杉板の上にのせたキンメダイも客席で炙り造りに仕上げます。チリチリと皮がはぜる姿をみせ、炙りたての脂が浮き出たところを食べていただきます。脂の甘さによく合う塩ですすめます。

＊作り方は186頁

梭子魚

〝魳〟の字もあてられる白身魚で、釣り魚としても人気。身質はやや水っぽいため、干物にされることが多い魚です。皮目に旨みがあり、焼き霜造りや炙り造りに向きます。ほんの少し塩をして身をしめると味が引き締まり、淡白で上品な味わいが楽しめます。

＊作り方は186頁

カマスのお造り

アゴが長く、形のおもしろい頭を盛りつけに使い、印象的な刺身の一皿に作りました。夏から旬となるカマスを青もみじや器使いで、涼やかに演出。造り身は引き造りとそぎ造りの二種で歯当たりに変化をつけました。刺身醤油ですすめます。

鯒

ぷりぷりと引き締まった身と上品な甘みが特徴の白身魚で、真夏に旬を迎えます。薄造りや洗いにすることが一般的ですが、皮のおいしさを活かした焼き霜造りにも向きます。薄造りにする場合は、冷蔵庫で身をしめると刺身に引きやすくなります。

コチの焼き霜造り

夏のお造りに欠かせないコチを焼き霜に造り、やや薄めのそぎ造りにしています。暑い季節なので、細かくかいた氷の上に青竹をのせ、造り身もきりりと冷やしながら客席へ。あやめ胡瓜やはす芋など、涼やかさを感じさせるあしらいで仕上げます。

＊作り方は187頁

勘八

ブリやヒラマサと同じアジ科の魚ですが、身質はかたく、しっかりとした歯応えが魅力。この歯応えを活かし、引き造りの他、そぎ造り、薄造りにもします。高級魚ゆえに、近年では養殖ものも多く見かけるようになり、一年を通して脂ののった身を楽しめます。

カンパチの引き造り

歯応えのある身をやや薄く切りつけた、引き造りにし、破竹に立てかけるように盛りました。平皿に盛る場合でも、台に工夫すると立体感のある盛りつけにすることができます。茗荷のけん、胡瓜のけんと香りのよい野菜をけんにし、刺身醤油にすだちを絞り、爽やかな味わいですすめます。

＊作り方は187頁

縞鯵

透明感のある白身に血合いが美しく入り、皮を引くと光沢のある銀皮があらわれます。刺身にすると盛り映えのする魚で、ほどよい弾力と身に上品な甘みがあり、アジ科の中でも高級魚として知られます。天然ものは希少で、市場に出回る多くが養殖ものです。

シマアジの色紙造り

銀皮の美しさが映えるよう、青竹を使って立体的に盛りつけました。身の歯切れのよい弾力を味わってもらうため、少し厚みをもたせ、色紙造りにしました。白身の魚の旨みを引き出すすだちの酸味を添え、刺身醤油ですすめます。

＊作り方は187頁

目張

名前のとおり、見張っているような大きな目が特徴。煮つけが一般的な調理法ですが、刺身にしてもほんのりとした上品な甘み、ほどよい弾力が味わえ、透明感のある造り身の美しさにも価値があります。薄造りや皮目を活かした焼き霜造りに向きます。

メバルの姿造り

魚体の形のおもしろさを活かした姿造り。弾力のある身を薄造りと焼き霜造りの二種の仕立てで味わってもらいます。焼き霜造りは皮目に筋目を入れると歯切れよく仕上がります。あしらいにむきものを施し、姿造りの格を高めました。刺身醤油またはポン酢醤油を添えます。

＊作り方は187頁

虎魚

ユーモラスないかつい姿が特徴。外見に反して身にクセはなく、繊細な味わいがあります。身が適度にしまっているので薄造りにするのが一般的。背ビレに毒を持つため、おろすときは先に取り除きます。皮や内臓、アラにもいい味があり、余すところなく使い切ります。

オコゼの薄造り 肝ポン酢

オコゼのおいしさはフグにも匹敵するといわれ、身のしまり具合や繊細な旨みは薄造りにしてこそ活かされます。皮や肝もおいしいので、外皮も内皮も湯引きして盛り添え、肝はポン酢醤油に溶け込ませ、濃厚な旨みで造り身を食べていただきます。一見グロテスクな頭も盛りつけの中心に据え、けんやつまは別器で添えると高級感が増します。

＊作り方は188頁

太刀魚

その名のとおり、太刀のように細長く、銀色に光り輝く皮目を持つ魚です。この色はウロコではなく、銀色の細かいグアニン色素で、新鮮なものほど色素が残っています。身にクセはなく、脂もほどよくのり、皮目の美しさと旨みを活かして刺身にすると喜ばれます。

タチウオのお造り

メタリックな銀色の皮目を活かし、身をくるくると巻いたお造りと、皮目の旨みを引き出した炙り造りの二種を盛り合わせました。お造りの個性を際立たせるため、あしらいは最小限にとどめます。刺身醤油のほか、塩とすだち、梅醤油、黄身ポン酢などもおすすめです。

＊作り方は188頁

穴子

すしや天ぷらでおなじみのアナゴですが、近年、刺身での人気が高まっています。身は適度な歯応えがあり、白身の中では旨みと甘みが深く感じられます。刺身には必ず鮮度のよい活けのものを使用し、皮を引いて焼き霜や湯引きに造ります。

アナゴの湯引き造りと薄造り

活けのアナゴを使った湯引き造り（手前）と薄造り（奥）。湯引き造りは身は薄くそぎ切りにして、湯にさっとくぐらせます。引いた皮の食感もおもしろいので、盛り添えるとよいでしょう。湯引き造りには刺身醤油とわさび、薄造りにはポン酢醤油ともみじおろし、鴨頭ねぎを添えます。

＊作り方は188頁

河豚

ご存知のようにフグにはテトロドトキシンなど猛毒があり、その取り扱いは都道府県によって規制されています。古来より毒があっても食用とされてきたのは、他に代えるものがない身の旨さが知られてきたからでしょう。繊維質が強いので薄造りが最適です。

＊作り方は189頁

てっさ

〝てっさ〟はフグの刺身のこと。〝当たれば死ぬ〟鉄砲と呼ばれたことに由来します。白身魚の中でも身の弾力が強く、皿が透けて見えるほど薄く切りつけ、この庖丁技が腕の見せ所でもあります。身は少し寝かせると旨みが深まり、一〜二日寝かせたものを刺身に引きます。

河豚

炙りフグ黄身酢ソース

フグといえば薄造りが一般的ですが、少し火が入ると、身の弾力もやわらぎ食べやすくなります。炙り造りでは薄造りより少し厚みをもたせてそぎ切りに。コクのある黄身酢ソースですすめれば、フグの楽しみ方も広がります。オクラを台に使い、見栄えよく盛りつけます。

＊作り方は189頁

フグ薄造りとカワハギ肝和え

フグを薄造りと肝和えの二種の味で楽しんでもらう趣向。肝和えはねっとりと濃厚なカワハギの肝を使い、フグの端身を細切りにして和えました。カワハギはフグの仲間で、フグとの相性もよく、肝が大きくなってくる冬場におすすめの一品です。

＊作り方は189頁

鱧

関西で特に珍重され、京都や大阪の夏の祭りには欠かせない魚です。身全体に細かく小骨が入っているため、骨切りの仕事が必須で、シャッシャッというリズミカルな庖丁は料理人の腕の見せ所といえます。刺身には湯に落とす、湯引きの手法が一般的です。

炙りハモ

身のやわらかさは湯引きにはかないませんが、炙りにすると身の甘みが増し、パリッとした皮の食感も楽しめます。生っぽさも残るので、身の味わいがよくわかるところを好む方も増えています。あしらいのはす芋はおひたしにし、口直しにしてもらいます。

＊作り方は189頁

ハモ落とし 梅肉とろろかけ

おなじみのハモの落としを梅肉ととろろと土佐酢ジュレで口当たりよく仕上げました。ふんわりとやわらかく花を咲かせたハモに、梅肉の爽やかな酸味、土佐酢のまろやかな酸味をからめ、つるりとしたのど越しで食べていただきます。

＊作り方は190頁

ハモちり

初夏に旬を迎えるハモにふさわしく、清々しい青竹を使った盛り込みで、格調高く仕上げました。改まった席にも喜ばれる仕立てです。湯引いたハモの真っ白な身に、ほんの少し梅肉をのせ、酢味噌を添えて味を補います。三種のけんと莫大海、花穂じそをバランスよく配置します。

＊作り方は190頁

鰹

旬は春と秋の二回。さっぱりとした香りが楽しめる初カツオと脂がのって身も充実してくる戻りカツオ、どちらも刺身には欠かせない味わいです。身近な素材である分、焼き霜造りや銀皮造りなど仕立て方に工夫し、魅力を高めます。

カツオ銀皮造りと焼き霜造り

銀皮造りは腹側の銀皮の美しさを活かすお造りです。一方の焼き霜造りは皮目の香ばしさを楽しんでもらいます。どちらも皮を噛み切りやすくするため、一度厚みの半分まで切り込みを入れ、次の庖丁で切り離す八重造りにします。にんにくの風味を効かせたポン酢ダレですすめます。

＊作り方は190頁

＊作り方は191頁

カツオの引き造り 青竹盛り

皮を引いてシンプルに作ったカツオの引き造り。身がやわらかいので造り身はやや厚みをもたせて切りつけると、食べ応えがあり、満足感が増します。初夏のカツオを青竹盛りにし、爽やかな印象でまとめました。刺身醤油ですすめます。

鰹

カツオの引き造り

大ぶりに切ったカツオの造り身を小鉢に盛った、気取りのない一品です。あしらいも茗荷のけんと花穂じそのみと、少し飲みたいときや少量を楽しみたいときにすっと出せる仕立てです。生醤油か、旨みのある刺身醤油を別に添えます。

*作り方は191頁

＊作り方は191頁

カツオのたたき

脂のよくのった腹身側をたたきにしました。塩をするのがポイントで、塩の効果でクセや臭みも抜け、味わいもさっぱりとします。さらに野菜のけんをたっぷり添え、腹身の脂っぽさをやわらげます。もみじおろしとすだち、小口ねぎを薬味にし、ポン酢醤油ですすめます。

鮭

刺身やすしには欠かせない、子供からお年寄りまで大人気の魚です。生で食べられるのは寄生虫の心配のない、養殖もののサーモンが主流。サーモンピンクの身も美しく、クセも少ないですが、こってりとした脂があり、けんやつまなど歯切れのよい野菜と組み合わせて刺身にします。

＊作り方は191頁

サーモンのお造り

身がやわらかく脂ののったサーモンは、身が厚くても薄くてもおいしく食べられ、変化のつけやすい魚の一つです。ここでは厚みを持たせた引き造りと、薄く切りつけたそぎ造り二種を盛り込みました。わさびのほか、大根おろしを薬味にするとさっぱりと食べられます。

サーモンのカルパッチョ

和食の店でもカルパッチョの仕立てはなじみのものとなりました。ねっとりとしたサーモンの身に、シャキシャキとしたけんの歯切れはよく合い、白ねぎや赤玉ねぎ、キャベツなど色とりどりに揃えます。野菜もおいしく食べられる風味豊かな胡麻ドレッシングを添えます。

＊作り方は191頁

鮭

サーモンの花造り

花びらのように重ねたサーモンに、赤・黄と二色のパプリカや食用花を散らした華やかなお造りです。キャベツと人参のけんをサーモンで巻いたり、ミニトマトの酸味と合わせたり、ひと皿で様々な味わいが楽しめます。サーモンは柑橘との相性もよく、すだちやレモンを添えます。

＊作り方は192頁

サーモンのフルーツ巻き

フルーツと魚の組み合わせも、サーモンなら違和感なく成立します。フルーツは甘みのほかにしっかりと酸味を感じさせるものがよく、ここではパイナップル、オレンジ、りんご、キウイフルーツ、グレープフルーツを用意しました。和風ドレッシングなど、好みのドレッシングですすめます。

＊作り方は192頁

鮪

刺身といえばマグロと、全国的に根強い人気を持つ魚です。クロマグロやメバチマグロ、キハダマグロなど様々な種類があり、さらに赤身の爽やかさ、コクのあるトロなど部位によっても味わいは変わります。口当たりはやわらかく、引き造りや角造りなど厚みを持たせた造りに向きます。

マグロのお造り

中トロの引き造り、赤身の角造り、赤身の引き造りに腹身の湯引きを添え、マグロの魅力を存分に盛り込んだ、お金の取れるひと皿です。その分、あしらいを控えめにし、余白を持って盛りつけ、主役のマグロを引き立てます。

＊作り方は192頁

マグロトロの角造り

こってりと脂がのったトロは薄めの切りつけが合いますが、筋の入った部分は小さめの角造りにしても食べやすくなります。トロのとろけるような身の口当たりも十分に感じられ、贅沢な味わいに。お好みで脂っぽさをやわらげてもらうよう、すだちを添えます。

*作り方は193頁

マグロのお造り三種盛り

マグロの食べ味を変えたお造り三種を、桂むきにした野菜を器にして盛り込みました。山かけやコチュジャン和えなど、変わり造りは酒の肴に喜ばれます。甘辛いコチュジャン和えにはマグロと相性のよいアボカドをのせています。山かけは叩いた山芋で作り、歯応えを残します。

- マグロの引き造り
- マグロの山かけ
- マグロのコチュジャン和え

＊作り方は193頁

鰯

字のごとく、弱りやすい魚のため、刺身用にはとにかく鮮度が大事。全体に光沢があり、エラが鮮紅色のものを選びます。おろす際もあまり手をかけすぎず、鮮度を落とさないことが大切です。脂も多く、青魚特有のクセがあるため、生姜やわさびなど薬味が欠かせません。

イワシのそぎ造り

大衆魚のイメージのあるイワシですが、刺身では珍しく、大ぶりのそぎ造りにすると、脂ののった身を存分に味わっていただけます。身がだれないよう氷で冷やしながら供し、生のはす芋や大根のけんなど、たっぷりのあしらいでさっぱりと仕上げます。

＊作り方は193頁

鯵

日本各地の近海で獲れるポピュラーな魚で、一年を通して味わいは安定しています。青魚の中でもクセは少なく、生のまま刺身にするほか、たたきにしたり、なめろうにしたりと、親しみのある仕立てにできるのも魅力。姿造りにもほどよい大きさです。

アジの鹿の子造り

皮目を食べやすくするため、格子状に切り目を入れてから切りつけます。醤油をはじきやすい脂ののったアジの身も、この庖丁で醤油のつきがよくなります。茗荷や赤玉ねぎ、ラディッシュなど、身の色と同系色のけんを揃え、優しい色合いでまとめました。

＊作り方は193頁

＊作り方は194頁

アジのなめろう 赤玉味噌風味

味噌や薬味と叩き合わせる〝なめろう〟は漁師料理のひとつ。野趣に富んだ味わいで、酒にもご飯にも合います。ここでは丁寧に練り上げた赤玉味噌を叩き混ぜ、ガラス器に盛って洒落た一品に。口直しとなる人参のけんやトマトを別添えにしました。

鯵

アジの砧巻き

アジに限らず、刺身には取れない端身などを活用できる砧巻き。いろいろな魚貝と野菜との取り合わせで作れますが、ここではアジをさっぱりとさせる胡瓜と二色で作りました。黄身酢のほか、土佐酢などまろやかな酸味の合わせ酢をかけてすすめます。

＊作り方は194頁

アジのなめろう金山寺味噌風味

アジの叩き身の上に、大葉や茗荷、胡瓜、紫玉ねぎと香りの野菜と、おろし生姜を混ぜた金山寺味噌をのせています。あえて叩き合わさずに、お好みで野菜と味噌を混ぜながら食べてもらう趣向です。金山寺味噌は風味豊かで、そのままでもなめ味噌になるものです。

＊作り方は194頁

秋刀魚

秋に旬を迎えるサンマは、脂がたっぷりとのり、刺身でも格別。新鮮なサンマは生のままでも焼き霜にしても酢〆にしてもおいしく、特に皮目を炙ると、脂が浮き出てきて旨みが深くなります。大衆魚ゆえに気軽に食べていただけるのも魅力の一つです。

サンマ 鳴門造りと色紙造り

鳴門造りと平造りの二種の切りつけで刺身にしました。鳴門造りは間に大葉や生姜を挟んで巻き込んでも風味よく作れます。一方の色紙造りは酢〆にしたものを食べよい大きさに切りつけます。秋に旬を迎えるさつま芋を素揚げにして添え、季節の味覚を楽しんでいただきます。

＊作り方は195頁

サンマの炙り造り

炙り造りはややクセのある青魚に向く手法で、サンマも皮目を炙ることで味わいも歯当たりも格段によくなり、クセもやわらぎます。魚の味がしっかりしているので、ニンニクチップなど香りの強い薬味とのバランスもよく、少し添えるとアクセントになります。

＊作り方は195頁

細魚

細身のすっとした姿に銀白色を帯びた美しい皮目が特徴。透き通るような身には脂肪がほとんどなく、さっぱりとしたヘルシーな味わいが魅力です。姿の美しさを活かして姿造りや細工造りにと、刺身にも変化のつけやすい魚です。

＊作り方は195頁

サヨリの砧巻き

淡白で上品な身は野菜とのなじみがよく、いろいろな野菜と取り合わせた砧巻きにもバリエーションが広がります。ここでは歯切れのよい胡瓜と合わせましたが、山菜や黄菊などを使えば、季節ごとの味わいも楽しめます。イクラおろしと土佐酢ジュレをかけ、味わい豊かに仕上げます。

サヨリのうぐいす造り

サヨリの姿をうぐいすに見立てて姿造りにし、飾り切りしたキャベツの上に派手やかに盛り込みました。頭を垂直に立てることで、うぐいすの頭を表現。愛嬌のある姿が目を引きます。折り曲げて盛り重ねた造り身を羽、素揚げにした皮を足にし、周囲には水玉ラディッシュを散らした遊び心あふれる盛りつけです。

＊作り方は195頁

車海老

プリプリとした食感と甘みが人気のエビ。中でも車エビは養殖も発達し、刺身でも人気があります。市場に出回る半数以上が養殖もので、天然ものは非常に高価。活け造りのほか、湯ぶり造りに。湯に落とすとさっと赤色に変わり、華やかなお造りになります。

車エビの湯ぶり造り

身の赤さを活かすため、さっと湯ぶりしてお造りに。火を入れすぎると身が固くなるため、色が変わったらすぐに引き上げ、氷水に取って冷まします。エビの赤を活かすよう、青竹を使い、頭も盛り添えてにぎやかに。プチプチの食感がおもしろいパールめんを敷きます。

＊作り方は196頁

車エビの湯ぶり青竹盛り

梅雨の時期に清涼感あふれる仕立てをと、青竹に氷を敷き詰め、赤く色を出した車エビを盛り、間に胡瓜で作ったむきものの蛙を忍ばせました。頭も茹でて殻をはずして盛り添えます。わさびとすだち、刺身醤油ですすめます。

＊作り方は196頁

伊勢海老

古来より祝い事に欠かせない縁起物として扱われてきました。風格のある姿は長寿のシンボルでもあります。身のプリプリとした弾力は他のエビとは一線を画し、姿とともに唯一無二の物。姿を愛でる姿造りにするのが主で、身は湯ぶりにすると甘みがぐっと立ってきます。

伊勢エビのお造り

プリっとした身の弾力が楽しめるぶつ切りですすめます。姿造りにすることが多い伊勢エビですが、ヒゲや足が取れた場合に活用できる小鉢盛りです。小鉢であってもけんやつまを使って盛り込めば、格の高いお造りになります。

＊作り方は196頁

烏賊

イカは近海ものだけでも種類が多く、アオリイカやケンサキイカ、コウイカ、スルメイカ…と、季節や地のものを刺身にしていくと喜ばれます。細工のしやすさも魅力で、射込み造りや鳴門造り、博多造りなど多彩な造りを楽しんでいただけます。

剣先イカの変わり造り

剣のように尖っている姿から剣先イカと呼ばれ、関東では赤イカとも呼ばれます。身は厚みがあり、甘みも強く、刺身には最適。ここでは、糸造り、錦糸卵を挟んだ博多造り、グリーンアスパラガスを芯に大葉と巻いた鳴門造りと、三種を盛り合わせ、多彩な味を楽しませます。

＊作り方は196頁

烏賊

コウイカ花造り、焼き霜造り盛り合わせ

コウイカは、ねっとりと甘みのある身で、焼き霜造りにすると甘みが際立ちます。エンペラやゲソはまた違ったおいしさがあり、これも盛り添えます。さらにそぎ造りを重ねた花造りを山菜と一緒に盛り込み、春の景色を表現。刺身醤油、胡麻酢、梅肉を添え、いろいろな味で楽しんでいただく趣向です。

＊作り方は197頁

烏賊

コウイカの姿造り

おろしたコウイカのエンペラを土台にし、ゲソを添え、上に造り身を盛った姿造りです。歯応えのあるイカの身は隠し庖丁を細かく入れることで噛み切りやすく、さらに薄造りにしています。エンペラとゲソはあらかじめ茹でておきます。筍を1本どんとのせ、イカの姿のおもしろさを強調しています。

＊作り方は197頁

蛸

タウリン豊富で旨みが非常に強く、茹でダコや酢ダコなど日本人にはなじみの素材。刺身で食べる種類は主にマダコとミズダコで、どちらも活けの鮮度のよいものを生のまま薄造りなどにします。ただし、マダコのほうが身がかたく、茹でたタコを刺身として出すことが一般的です。

タコの波造り

活けのマダコを茹でてからお造りに。身がつるりとしたタコは醤油のつきをよくするため、角度を変えながら庖丁を入れる波造りにしています。断面がギザギザになり、醤油がよくのります。色よく湯通ししたわかめを前盛りにし、品よくまとめました。

＊作り方は198頁

蛸

タコの薄造り

むにっとした歯応えと旨みが魅力の生ダコの薄造り。マダコよりミズダコのほうがやわらかく、生の刺身にはミズダコを使うことが一般的。むいた皮の吸盤も茹でて一緒に盛ると形のユニークさ、こりっとした食感が喜ばれます。タコと相性のよい梅肉を使ったゼリーをあしらい、梅肉醤油を添えます。

＊作り方は198頁

赤貝

貝類の中でも高級とされ、しこしことした歯触りと鉄分を含む独特の香りと味わいに人気があります。鮮度が何よりも大切で、殻付きのものを使い、おろしたてを刺身にします。ヒモもおいしく、塩でもんで洗い、身とともに盛りつけると価値が高まります。

＊作り方は198頁

アカ貝の鹿の子造り

独特の歯応えは飾り庖丁や隠し庖丁を入れることで食べやすくなります。ここでは開いた身に格子状に切り目を入れる鹿の子造りにしています。殻盛りにすると豪華さが加わります。さらに青パパイヤの釜に盛り、特別感を演出しました。

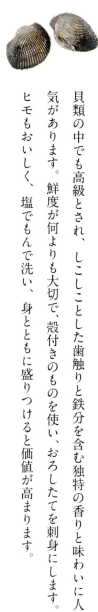

鮑

コリコリとした歯応えを持ち、噛むほどに旨みが広がります。磯の香りもすばらしく、夏の刺身に欠かせない貝の一つです。刺身用にするのは主にクロアワビとエゾアワビ。隠し庖丁を入れてそぎ造りや薄造りにするのが一般的。肝もおいしく、肝醤油や塩茹でにします。

アワビのそぎ造り

薄くそぎ造りにした身を殻に盛り込んだ贅沢なお造り。切りつけの前に等間隔で身に切り目を入れておくと、見た目にも美しく、噛み切りやすくなります。高級感をさらに高める大掛かりな大根のむきものを器にし、派手やかに作りました。肝は塩茹でにして串刺しにして添えます。

＊作り方は198頁

牡蠣

ぷっくりとした身はジューシーで旨みがたっぷりで、むきたてのカキはレモンを絞るだけでも十分おいしいもの。全国各地で個性豊かなカキが養殖され、より注目が集まっています。ただし、取り扱いには注意が必要で、何よりも安全性の高いカキを求めます。

カキの湯ぶり

殻付きの活きたカキを、生のフレッシュ感を活かしながら、さっと湯ぶりして殻に戻してお出しします。湯ぶりすると身に甘みが出て、生とは違ったおいしさが生まれます。火が入りすぎると身が縮んでしまうので注意。すだちと刺身醤油ですすめます。

＊作り方は199頁

栄螺

生では非常に強い歯応えですが、薄く切りつければその歯応えがクセになります。殻にツノのあるものとないものが出回りますが、味の点では特に変わりはないようです。殻盛りにすると野趣に富み、ボリューム感のお造りになります。

＊作り方は199頁

サザエのそぎ造り

磯の香りと旨みが強いサザエの刺身を、少し甘みと酸味を持たせた酢味噌でさっぱりとすすめます。殻盛りにするときは、けんを使って底上げし、造り身を立体的に盛り上げます。胡瓜やうど、ラディッシュ、茗荷など後口をさっぱりさせるあしらいを添えます。

サザエの刺身 南瓜釜

サザエの殻盛りを南瓜の釜に盛るという、イベントなどにぴったりの仕かけです。南瓜はくり抜き、皮を飾りむきにし、器に作りました。肝の苦みや旨みも人気が高く、さっとボイルして添えると喜ばれます。ここでは身と肝を竹串に刺し、釜の中に盛り合わせました。

＊作り方は199頁

ツブ貝

ツブ貝と称される貝の中でも、刺身やすしに利用されるマツブは主に北海道産が多く出回り、高級貝とされます。コリコリとした身の食感、強い磯の香りが特徴の巻貝です。身の中に唾液腺があり、中毒を起こすことがあるのでこれをきっちり取り除きます。

ツブ貝の刺身

適度な大きさのあるツブ貝を殻盛りに。歯応えが強いので、身は薄造りにしたり、隠し庖丁を入れたりと噛み切りやすくする仕事をしてお出しします。殻盛りの場合、殻から浮き出るよう盛りつけると食べやすくなります。紅芯大根の桜で可愛らしく飾りました。

*作り方は199頁

帆立貝

ぷっくりとやわらかいホタテ貝の貝柱には旨み成分がたっぷり含まれ、甘みも強く、年齢を問わず、人気があります。刺身にも作りやすく、生のままではもちろん、さっと表面を炙ったり、湯ぶりしたり、細工したりと、さまざまな手法でアレンジできます。

ホタテの湯ぶり博多

貝柱の旨みはトマトや柑橘の酸味と相性がよく、間に挟む博多造りでその一体感を楽しんでもらうよう作りました。貝柱はさっと湯ぶりすると、甘みが引き出され、トマトとすだちとの味のなじみもよくなります。焼き霜にしても合います。

＊作り方は200頁

平貝

大きな二枚貝から取り出される貝柱は、さっくりとした歯切れのよさで、やや透明感を帯びた色合いも美しいものです。ホタテよりさっぱりとして上品な旨みを持ちます。大きな貝殻を活かし、ダイナミックな姿造りにすると盛り映えがします。

タイラ貝の博多造り

厚みのある貝柱を三枚にへぎ、すだちを挟んで博多造りにしました。わさびと醤油のほか、塩を添えても甘みが引き立ちます。貝殻の下に敷いた蕗の葉は見た目の変化と、器を守る役割もしています。蕗の花や飾り切りの野菜で、春が旬のタイラ貝の季節を表現しました。

＊作り方は200頁

タイラ貝の姿造り

貝殻を立てて使った大胆な盛りつけで、お客に驚きを与える演出です。徳利に入れ込んだのはうるいで、器に散らした新生姜や菜の花、アマランサスの花などとともに、早春の趣きを添えました。貝柱は鹿の子庖丁を入れた身と薄く切りつけた身で食感に変化をつけます。

＊作り方は200頁

第二章

盛り合わせ・小鉢の刺身料理

土地土地の魚貝を鮮度のよいままに味わわせる刺身はそれだけでご馳走ですが、多彩な刺身を盛り込んだ盛り合わせや姿造りは宴席の華ともいうべき料理です。ここでは、遊び心あふれる盛りつけや新感覚の仕立て方と、ロス活用にもつながる小鉢料理を紹介します。

盛り合わせの刺身料理

大鉢や大皿盛り、野菜やフルーツを使った釜盛り、ポットサラダ風、刺身串など、発想次第でインパクトのある刺身料理に作ることができます。多彩な魚貝を組み合わせ、あしらいの取り合わせにもひと工夫をした個性あふれる仕立てを紹介します。

刺身大鉢盛り込み

- 伊勢エビの姿造り
- ウニの箱盛り
- ツブ貝の姿造り
- モンゴウイカの花造り
- 中トロの角造り
- タイの引き造り
- タチウオの吉原造り
- アワビのそぎ造り

伊勢エビの姿造りを中心に据え、ウニは箱盛り、ツブ貝は殻盛り、さらにモンゴウイカ、マグロ、タイ、タチウオ、アワビと多彩な魚貝を盛り合わせたご馳走の大鉢造りです。氷を敷き詰め、宴席の場など時間がたっても造り身がだれないよう配慮します。青もみじや赤南天の葉など飾り葉を添えると、格調も高まります。

＊作り方は201頁

刺身青竹盛り込み

◆キンメダイの皮霜造り
◆シマアジの引き造り
◆サーモンのそぎ造り
◆タイの引き造り

竹の節を仕切りになるよう器に作り、四種の刺身を盛り込んだ一人前仕立てです。刺身は季節や仕入れによっていろいろに組み合わせることができます。一人前ですので、四種類合わせて80〜90グラムくらいを盛り込むのが適当。それぞれ大葉を敷き、造り身を盛り、あしらいをのせて完成させます。

*作り方は201頁

木の芽とミントの冷製スモーク風 タイとカンパチ、

木の芽とミントの葉の香りを造り身にほんのりまとわせた新感覚の刺身です。駅弁などでおなじみの発熱材を器の底に置いて、網をのせた上にハーブと造り身をのせ、蒸気を出して客席へ。蒸気によって香りが造り身に移ります。淡白な白身魚に合い、わさびと柚子胡椒、刺身醤油とポン酢醤油を別に添えます。

＊作り方は201頁

春一番
花造り四色盛り

◆マグロ赤身の花造り
◆タイの花造り
◆サーモンの花造り
◆モンゴウイカの花造り

器に使っているのは大根。大根の白さが花造りにした魚貝を美しく見せ、個性的な盛りつけながら品のよさを感じさせます。造り身はそれぞれ角を立たせてシャープに立たせるからこそ、きれいな花になります。添えの山菜は金山寺味噌と唐辛子味噌のつけ味噌で食べていただきます。

＊作り方は202頁

キンメダイとサーモンのフルーツカルパッチョ

パイナップルをバスケットのように作り、魚貝とフルーツを盛り込んで涼しげな土佐酢ゼリーでまとめた夏向きのお造りです。パイナップルのほか、オレンジやグレープフルーツ、キウイフルーツと、異なる酸味と甘みで、おなじみのキンメダイもサーモンも違った味わいに仕上がります。

＊作り方は202頁

お刺身チーズトースト

小腹がすいたお客様にお出しできる、ちょっと変わった軽食です。刺身用に残った魚貝を使い、パンの上にのせてチーズを重ね、焼き上げます。魚貝には半生程度に火が通り、刺身とは違った味わいが楽しめます。

お刺身シューマイ

魚貝の端身をシューマイの具にした変わり造り。趣向盛りですから、できるだけたくさんの種類を用意して盛り合わせ、取り分けスタイルで食べてもらうと場もにぎわいます。シューマイの皮はあらかじめ湯通ししておき、金山寺味噌を添えます。

＊作り方は203頁

＊作り方は202頁

タイとヒラメの冷酒器盛り

冷酒用の徳利を利用し、氷を入れるくぼみに刺身を盛り込みました。徳利にはキンキンの氷水を入れておき、冷ややかにすすめます。魚貝はどんなものでもよいのですが、ここではタイとヒラメで、白身魚の食べ比べをしてもらう趣向。徳利に挿した梅や桜で春の風情を演出します。

＊作り方は203頁

＊作り方は203頁

お刺身ポットサラダ

人気のポットサラダの具に魚貝を加えて、お刺身サラダに仕立てます。吸い酢程度の味加減のドレッシングにすると、ドレッシングごと食べてもいい塩梅になります。野菜は胡瓜や大根、パプリカなど彩りと食感を考えて用意し、魚貝と同じ大きさに切り揃えることがおいしく作るポイントです。

刺身串四種

◆白身魚、車エビ湯ぶり、椎茸旨煮
◆胡瓜、エリンギ、イカ
◆アワビ、こごみ、マグロ
◆里芋白煮、茹で筍、サヨリ

くつろいだ酒の席に向く、気楽につまめるお刺身串を紹介します。串には刺身のほか、茹でた野菜や歯切れのよい生野菜、煮物なども一緒に刺せば、味わいの変化に楽しみも広がります。さらに刺身醤油のほか、ポン酢醤油、カツオ味噌、酢味噌など多彩なつけ醤油やつけダレを用意し、お好みで食べていただきます。

＊作り方は204頁

チーズのお造り三種盛り

◆タイのパルメザンチーズ
◆サーモンのカマンベールチーズ
◆カンパチのプロセスチーズ

チーズを上にのせた炙り造り。少し火の入った魚貝にとろりと溶けたチーズがまろやかなコクをプラスします。チーズの塩味でそのまま食べていただけます。魚貝もチーズも身近なもので構いませんが、いろいろな種類を取り揃えるとバリエーションが広がります。

＊作り方は204頁

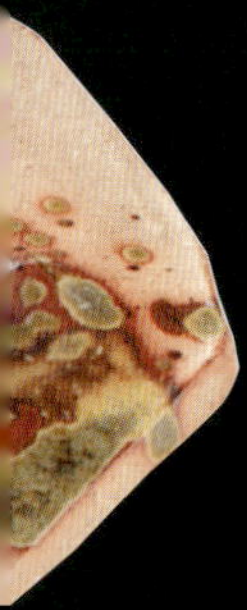

豆腐の台の刺身盛り合わせ

- ◆コウイカの花造り
- ◆サーモンの花造り
- ◆タイの花造り
- ◆マグロ赤身の花造り
- ◆ヒラメの鹿の子造り
- ◆タイラ貝のへぎ造り
- ◆ガシラの焼き霜造り
- ◆サザエのそぎ造り

豆腐の上に8種類の個性の異なるお造りを賑やかに盛り込みました。豆腐はしっかり水切りした木綿豆腐や固豆腐などを使い、水っぽくならないようにし、あしらいの野菜とともに、刺身の口直しにしてもらいます。評判店の豆腐を使えば、それもまた売りになります。

＊作り方は204頁

白菜漬けの海鮮巻き

◆サーモン
◆タイ
◆カンパチ
◆コチ

さっぱりとした白菜の浅漬けで、三種類の白身魚と差し色にサーモンを加えて巻き上げました。見た目にも爽やかな海鮮巻きです。魚貝はマグロやイカなど、いろいろな種類で作れますが、種類の異なる白身魚を取り揃えると通好みの味わいに。端身も無駄なく使うことができます。

＊作り方は205頁

マグロとサーモンの巻き刺身

桂にむいた大根とうど、人参、赤パプリカで、拍子木造りにしたマグロとサーモンをくるりと巻き上げます。これを長さを違え、立てる盛りつけで斬新なイメージに作りました。器に流したソースはチリソース。一緒に巻いたごぼうやはす芋、グリーンアスパラガスなど野菜にもよく合います。

＊作り方は205頁

姿造りいろいろ

＊作り方は206頁

姿造りは豪華さ、めでたさを備え、華やかな宴席には欠かせないお造りです。昨今では、日本各地の珍しい魚貝も産地から鮮度のよいままに入手しやすくなりました。姿かたちも個性にあふれたさまざまな魚を使い、一尾丸ごとの姿で造る姿造りを紹介します。

アコウの姿造り

関西ではアコウ、関東ではキジハタと呼ばれる高級魚で、身がしまっているので薄造りにするのが一般的です。勢いよく作った中骨の舟の上に薄造りの身を、手前に皮目を活かした焼き霜そぎ造りの身を盛りました。体長四十センチ前後と大きさがあり、三〜四人前を想定してたっぷりのけんを盛り添えます。

メイタガレイの姿造り

旨みのある白身を持ち、関西で特に珍重されるカレイです。体長二十五センチ前後と姿造りにもほどよい大きさです。ただ皮目にヌメリと独特の臭みがあるので、水洗いはしっかりと。弾力のある身は薄造りにし、旨みが強いエンガワ、ねっとりとした肝も添えると、ご馳走感が増します。

＊作り方は206頁

＊作り方は206頁

ガシラの姿造り

魚には地方名が多く、ガシラは関西方面でのもので、関東でいうカサゴのこと。九州ではアラカブと呼ばれます。頭の大きさに比べて体が小さいのが特徴で、二十五センチ前後のものが姿造りには最適です。ここでは中骨の舟の上にけんやつま類をのせ、造り身を手前に盛りました。皮目の模様に特徴があり、皮を残した焼き霜にして活かします。

キチジの姿造り

◆キチジの皮と肝のポン酢和え
◆キチジと筍の和え物

鮮やかな赤色が印象的でキンキとも呼ばれます。脂ののりがよく、煮付けのイメージが強い魚ですが、大型のものは刺身でもおいしい。特に皮目の下に旨みがあり、ぷるっとしたゼラチン質の食感も楽しめます。ここではレッドグレープフルーツの酸味とともに味わっていただきます。皮は別に肝和えにし、端身は筍と和えた小鉢二種を添えた贅沢な一品です。

＊作り方は207頁

ベラの姿造り

関東よりも関西で人気のある魚で、高級魚として扱われます。赤や青、緑など鮮やかな色が混ざり合った姿は熱帯魚のようで、姿造りにするとインパクトのあるものになります。比較的小さな魚なので、三尾を使い、中骨をくるりとねじり、頭と尾をつけた形で器に盛り込みます。造り身は薄造りと細造りの二種の切りつけです。

＊作り方は207頁

マナガツオの焼き霜姿造り

西日本で特に好まれる魚で、菱形の丸みのある姿に特徴があります。カツオといっても全くの別ものので、やわらかく甘みもある白身魚です。皮目が薄く、焼き霜造りにすると、皮下の旨みを存分に味わっていただけます。姿造りに華を添えているのは青梗菜とりんごのむきものです。

＊作り方は207頁

舌ビラメの姿造り

舌ビラメというとフランス料理のイメージを持つ人も多い魚ですが、写真の赤舌ビラメは関東、新潟以南の本州各地で漁獲されます。舌ビラメのお造りという意外性もあり、姿造りにすれば話題性もあります。身は淡白で、やや水分が多いので、皮目を炙る焼き霜造りに向きます。真子の煮物や骨せんべい、カツオ味噌などを添え、酒肴色を強めました。

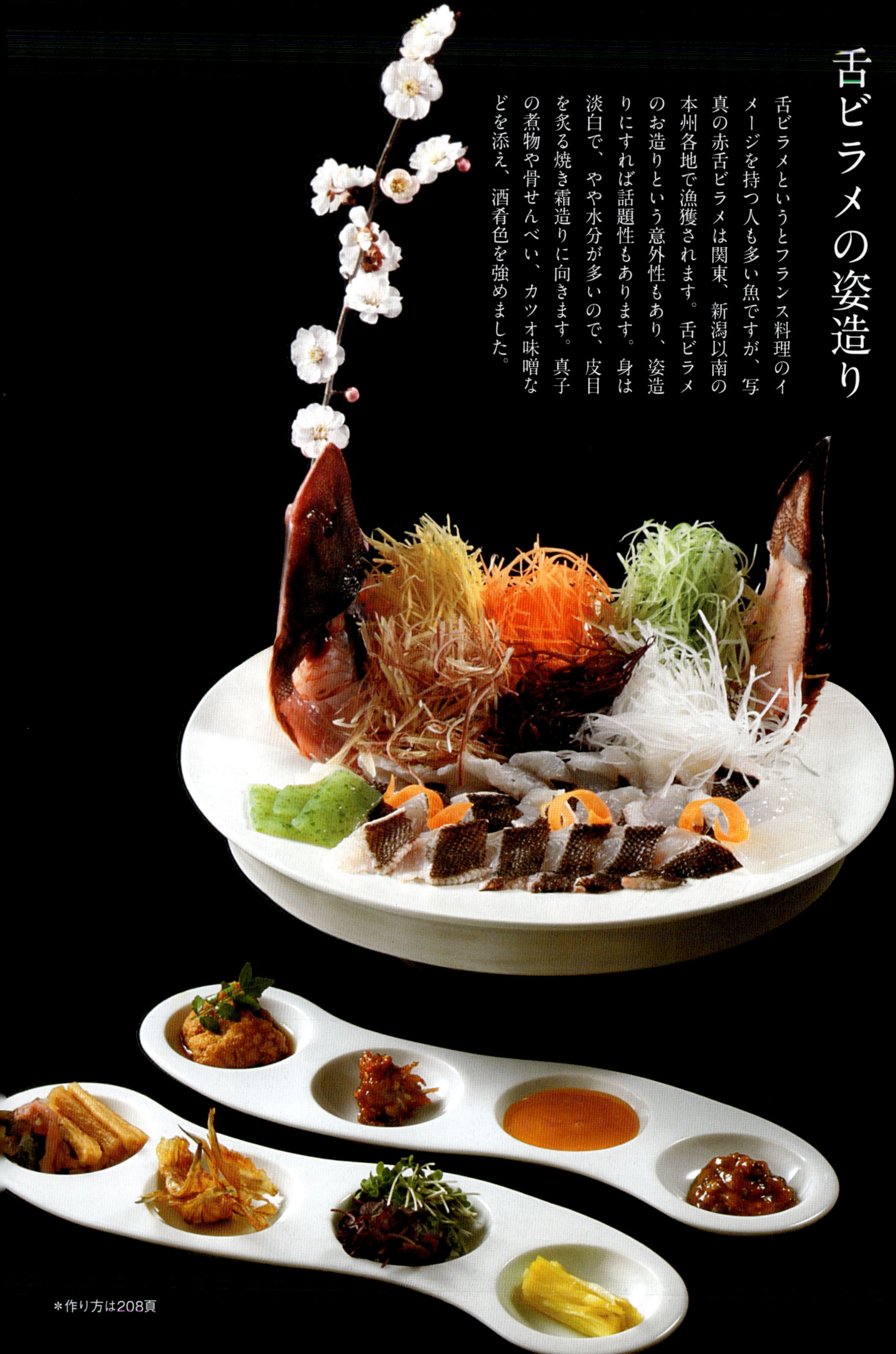

＊作り方は208頁

＊作り方は208頁

コショウダイとウマヅラハギの姿造り

◆コショウダイ引き造り　皮霜造り
◆ウマヅラハギ細造りとも和え　花造り

コショウダイとウマヅラハギと、姿かたちの異なる魚の姿造りを大鉢に盛り込みました。ウマヅラハギは頭だけを使い、ハネデューメロンのむきもの、飾り切りした紫キャベツで体を表現。メロンの上にとも和えにした身を盛り、手前に花造りを置きます。一方のコショウダイは中骨の舟の上に引き造り、皮霜造り二種を盛っています。

チビキとキンメダイの姿造り

赤い魚体を持つ魚二種類で、めでたさを表現する皿盛りです。尾頭を付けた中骨は大根の枕などに竹串で刺し止め、勢いのある姿に作ります。チビキもキンメダイも赤身を帯びた身が特徴で、身は脂がのってやわらかく、引き造りやそぎ造りにして盛り込みます。皮がおいしいので、焼き霜造りも美味。

＊作り方は209頁

小鉢の刺身料理

生の魚貝を使った小鉢の料理は、酒肴として大変喜ばれるもの。刺身には作れない切れ端や切り落としなどを無駄なく活用し、お金の取れる一品にする技を覚えおくと重宝します。いずれも酒をすすめる味わいで仕立てます。

サケの親子和え

サケとイクラの相性のよさはよく知られたところです。ここにパイナップルの酸味、甘みを加えて生臭みなく、緑酢でさっぱりと作りました。フルーツの味わいは生の魚貝ともなじみやすく、新味の酢の物としてもお出しできます。

＊作り方は209頁

タコの酢味噌和え

歯応えも旨みも強いタコは小口切りにしても存在感があります。歯切れのよい胡瓜と合わせて酢味噌で和えた、食感の対比がおもしろい一品です。ざっくりと和えたら、クコの実を散らし、味のアクセントにし、紫芽を大盛りにします。

*作り方は209頁

タイラ貝の梅肉和え

さっくりとした貝柱の甘みとボイルした肝の苦みを、梅肉の酸味でまとめました。身と肝は角に切り、食べ応えを持たせるのがポイント。口の中で一体となった味わいが魅力で、少量でも満足感があります。アマランサスの葉で洒落た印象に仕上げました。

*作り方は210頁

ノレソレの踊り食い

ノレソレとは、アナゴの仔魚《しぎょ》のこと。透明で柳の葉のような形で、冬から春にかけて出回ります。死んでしまうと味が極端に落ちるので、活きたまま踊り食いにし、つるりとしたのど越しを楽しんでもらいます。中心の小鉢に吸い酢を張り、酢ごと飲んでもらう仕立てです。

＊作り方は210頁

＊作り方は210頁

アカ貝と大和芋の小川

〝小川〟は主に酢で〆る料理のことで、日本料理の昔ながらの仕事です。すり身にした素材を使うことが多く、ここでは赤貝の切り身をすりおろした大和芋にくぐらせ、生酢に落としました。真っ白な中に赤貝のオレンジ色が映え、品格もある一品です。むっちりとした食感も楽しめます。

＊作り方は210頁

炙りサンマと焼き茸の梅肉ジュレ和え 柿釜

旬のサンマと茸を柿釜に盛った、秋の風情たっぷりの和え物です。サンマも茸も直火で炙って香ばしく、旨みを引き出してから梅肉ジュレでしっとりと和えました。和え衣や合わせ酢はジュレ状にすると素材によくからまり、するりとしたのど越しで食べやすくなります。

炙りタチウオのみぞれ酢和え

夏に旬を迎えるタチウオをさっと炙り、胡瓜と合わせ、さっぱりとみぞれ酢で和えました。酢の物には生のままより、皮を焼き霜にするほうが味のなじみがよくなります。短冊や拍子木に切って存在感を高め、高さのある小鉢にこんもりと盛りつけます。

＊作り方は211頁

サンマと胡瓜の二見寄せ

サンマと胡瓜をゼリー寄せにし、涼しげな印象に作った一品です。胡瓜はしっかり水気を絞ってから土佐酢のゼリー地に混ぜ合わせ、流し缶に流し入れ、この上にサンマを重ねて二層にします。サンマは酢〆にすることで、旨みが凝縮されてクセもなくすっきりとした味わいに仕上がります。

＊作り方は211頁

タコの梅肉和え

湯ぶりしたタコを相性のよい梅肉で和え、朝顔の器に盛った初夏にふさわしい仕立てです。タコは食べやすくするため、皮をむいたら蛇腹庖丁を深く入れます。この庖丁でタコの独特の歯応えも噛み切りやすくなります。むいた皮の吸盤も湯ぶりすると、コリコリとした食感が楽しめます。

＊作り方は211頁

タコとツブ貝の黄身酢

タコとツブ貝、どちらもクセになる歯応えを持つ魚貝を組み合わせて、酢の物に作りました。ゼリーに作った黄身酢のまろやかなコクと酸味で、少しの量でも満足できる味わいです。魚貝は刺身に取れない切り落としなどで十分間に合います。シャキッとしたはす芋の歯触りを添えます。

＊作り方は211頁

湯引きハモのいんげん巻き

骨切りした身を少し長く切り、湯引きしてから皮目にいんげんをのせて巻き物にしました。細工することの少ないハモも趣きが変わり、酒肴としての魅力も高まります。中の芯は茹でたハモの身に合わせ、茹でた野菜にし、こってりとした玉味噌ですすめます。

＊作り方は212頁

ハモの梅肉和え

ふんわりとやわらかい湯引きハモの身に、サクサクとした胡瓜をアクセントにした梅肉和えです。小鉢仕立ての場合、材料は最小限にとどめることで、小粋さが生まれます。ここでは手持ちの莫大海や花穂じそを散らしましたが、なくても十分品よくまとまります。

＊作り方は212頁

フグ白子デコポン釜

クリーミーな食感に芳醇な旨みを持つフグの白子は、酒客にはたまらない冬の味覚の一つです。上品な甘みがあり、さっぱりともみじおろしとポン酢醤油で食べていただきます。柑橘をくり抜いて釜盛りにすると贅沢感が増します。写真はデコポンを使用しました。

＊作り方は212頁

ヒラメのからすみ和え

ボラの卵巣を塩漬けにしたからすみはねっとりとした濃厚な旨みが特徴。この旨みを活かしたからすみ和えは、酒がすすむ格好のつまみです。白身魚やイカなど淡白な味わいの魚貝とよく合い、端身など見栄えよく切って和えれば、お金の取れる一品になります。

＊作り方は213頁

雲子の炙り

雲子はタラの白子のことで、真っ白な身と雲のような形から、主に京都で使われる名称です。地方によっては菊子、ダツともいいます。プリプリとした食感を活かすため、さっとボイルし、表面を炙って香ばしさをプラスし、臭みもなくなります。

＊作り方は213頁

生ウニのわさびジュレがけ

夏に旬を迎える生ウニに爽快なわさびのジュレをかけ、ガラス器で涼感たっぷりにすすめます。わさびジュレは吸い酢にわさびを溶かし込み、ゼラチンでとろとろに固めたもの。吸い酢の優しい酢加減はウニの下に敷いた青トマトのフルーティーな酸味にもマッチします。

＊作り方は213頁

ホタルイカの緑酢

春の風物詩としても名高い富山湾のホタルイカ。プリッとした身にワタの苦みを持つホタルイカはこの時期の酒肴に欠かせません。ボイルしたホタルイカを緑酢でさっぱり和え、あしらいのわらびや木の芽で香りよく作ります。

*作り方は213頁

芽かぶのだし醤油

シャキシャキとした食感を持つ芽かぶをさっと湯通しし、だし醤油で食べていただく刺身風の仕立てです。酒の合間の口直しにもさっぱりとして最適。パリッとした胡瓜、つるりとしたとろろ芋を添え、いろいろな食感で楽しんでいただきます。

*作り方は213頁

シラス三色盛り

- ◆シラスの土佐酢ジュレ和え
- ◆シラスの酢味噌和え
- ◆シラスの辛子醤油和え

つるりとしたのど越しが魅力のシラスを土佐酢ジュレ、酢味噌、辛子醤油と、シラスによく合う三種の食べ味で作り、青竹に盛り込みました。土佐酢ジュレには浜防風とおろし生姜、酢味噌には菜の花とクコの実、辛子醤油にはマイクロトマト、貝割れ菜、花穂じそと彩りよくあしらいます。

＊作り方は214頁

フグの七化け

◆フグのウニのせ
◆フグの細造り　針柚子和え
◆フグのオイル和え
◆フグのあおさ海苔和え
◆フグの明太和え
◆フグの塩昆布和え
◆フグのへぎ造り　トリュフ塩

盛り合わせ、小鉢の刺身料理

フグの産地と知られる山口県の焼き物、萩焼きは使っていくうちに表情が変わるといわれ、〝萩の七化け〟と呼ばれています。この七化けをモチーフに作ったのがフグの小鉢料理七種の寄せ盛りです。オイル和えやトリュフ塩など洋風味も加えた多彩な変化で、フグの楽しみ方を広げます。

＊作り方は214頁

第三章

刺身をおいしくする技術

刺身をおいしく仕上げるには、魚貝の鮮度や質を見極める目利きの力にはじまり、盛りつけのセンスまで、多岐にわたった技術を必要とします。なかでも魚貝のおろし方や切りつけ方など、庖丁にかかわる技術はどんな料理よりも、直接仕上がりに影響します。基本の技術をしっかり身につけましょう。

魚貝のおろし方

刺身にする魚貝には鮮度のよさが求められます。その鮮度を保ち、いかにおいしくつくるかは、魚貝の下ごしらえが大きく影響します。ここでは、効率よく、無駄なく、魚貝をおろすための基本の技術を紹介します。魚貝の種類によってはアラや中骨、肝などもご馳走になりますから、素材を無駄なく使いきるためのおろし方を身につけましょう。

タイ

◎おろし方のポイント

タイのおろし方には、魚のおろし方の基本となるべき庖丁使いがすべてであるといっても過言ではありません。身もしっかりしていますので、道理を覚えれば比較的おろしやすい魚といえます。頭やカマの価値を活かすため、頭にカマを残すおろし方を紹介します。

◈ウロコを引く

ウロコはかたく、びっしりとついている。出刃庖丁やウロコ引きで尾から頭に向かって引く。

腹から背、尾の付近まで庖丁を横に小刻みに動かしながら、ウロコが残らないよう丁寧に引く。

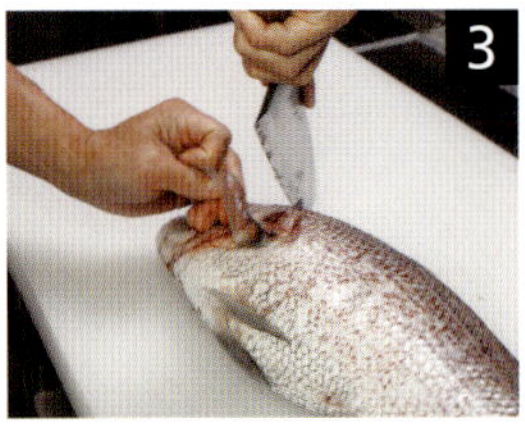

カマや頭の際までついているので、取りこぼしがないよう胸ビレを持ち上げ、しっかり取る。

◈内臓を取り除く

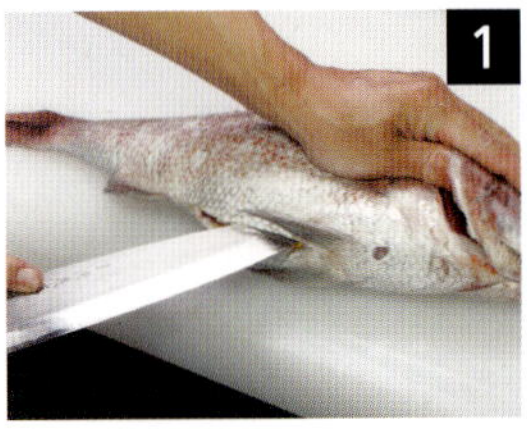

頭を右、腹を手前にしておき、エラブタを持ちながら肛門から逆さ庖丁で庖丁を差し入れる。

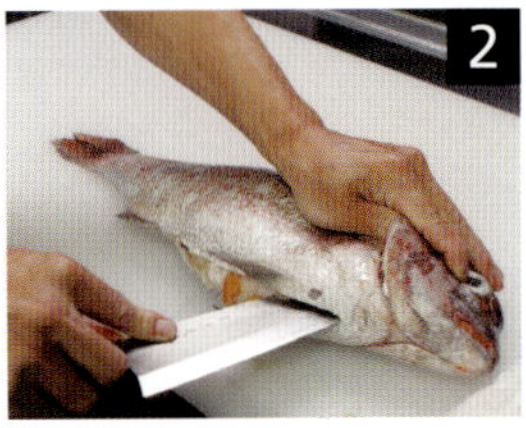

逆さ庖丁のまま腹を切っていき、エラブタの下まで切り開く。

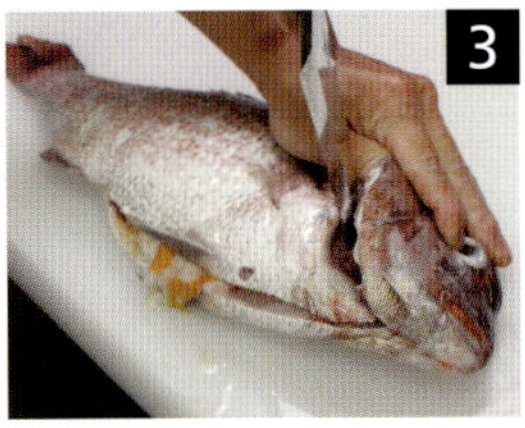

そのままエラのつけ根の上部に切っ先を縦に入れる。

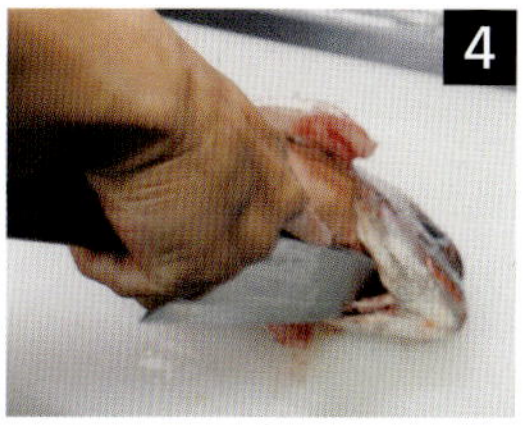

エラを下アゴに向かって庖丁で切り離す。

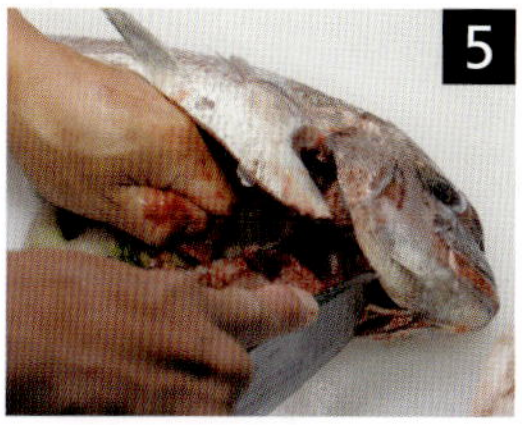

はずしたエラを持ち上げ、内臓を包む膜に庖丁を入れながらエラごと内臓を取り出す。

◈水洗いする

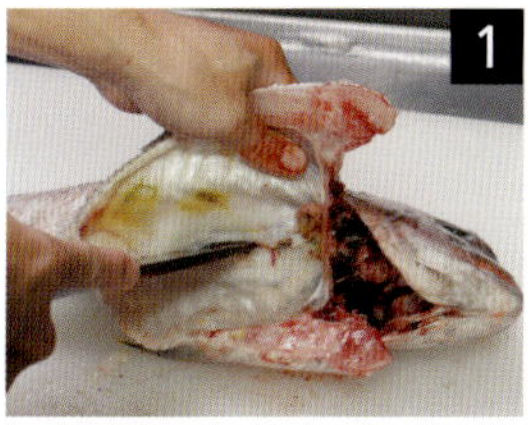

中骨部分の血合いの膜を庖丁の切っ先で開く。

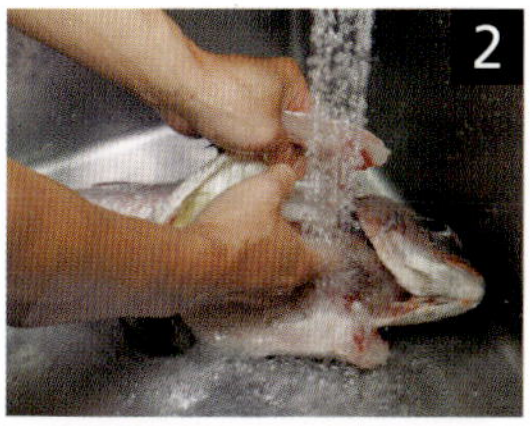

血合いを指でかき出しながら、内臓の残りなどもきれいに水洗いする。ササラを使ってもよい。

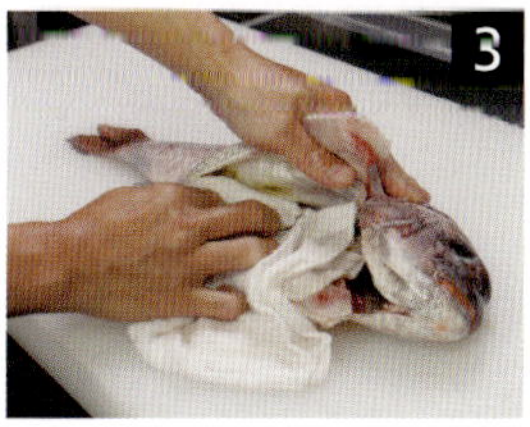

腹の中までタオルや布巾を使い、水気をきっちり拭き取る。

◈頭を切り落とす

頭を左、腹を向こうにしておき、胸ビレを持ち上げて斜めに庖丁を入れ、中骨まで切り込む。

頭の向きをそのままに裏返し、反対側も胸ビレの脇から同じ角度で庖丁を入れる。

カマを持ち上げ、関節部分に庖丁を入れ、頭をはずす。頭にカマをつけて落とす方法で、頭はかぶと煮などに利用する。

三枚におろす

1

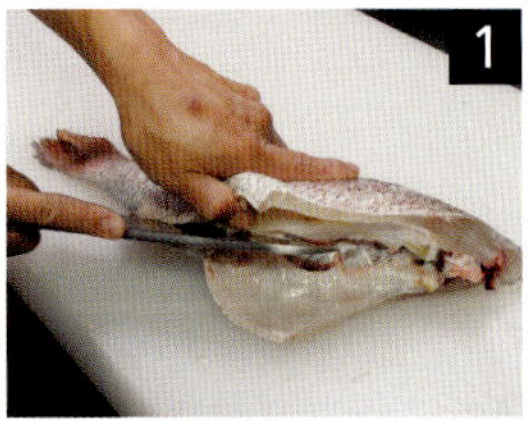

頭を右、腹を手前におき、上側の腹を持ち上げながら、中骨の上に庖丁を入れる。

2

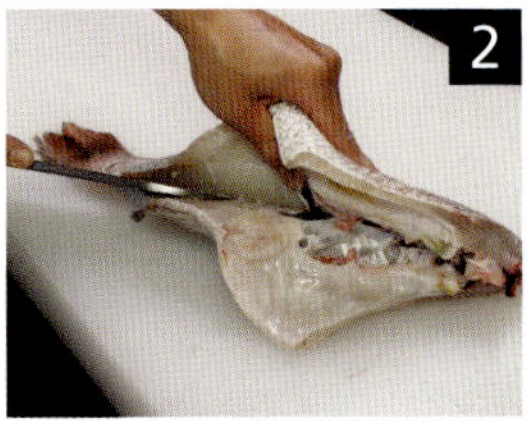

中骨に沿って庖丁を入れ、かたい腹骨部分を切り離していく。

3

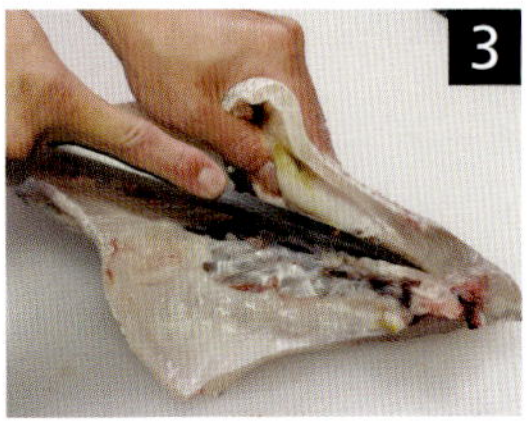

頭側から尾に向かい、中骨に沿って背まで切り開く。

4

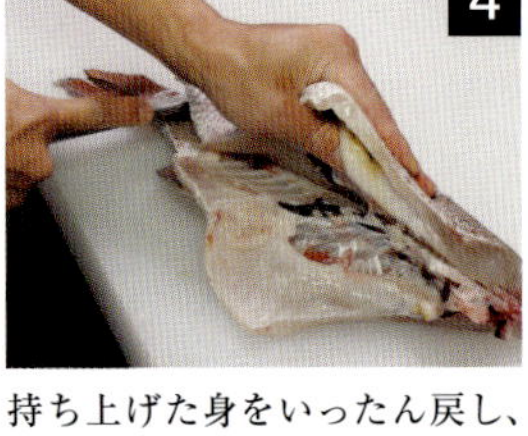

持ち上げた身をいったん戻し、左手で持ちながら、頭から尾まで一気に身をおろし、尾のつけ根で切り離す。

5

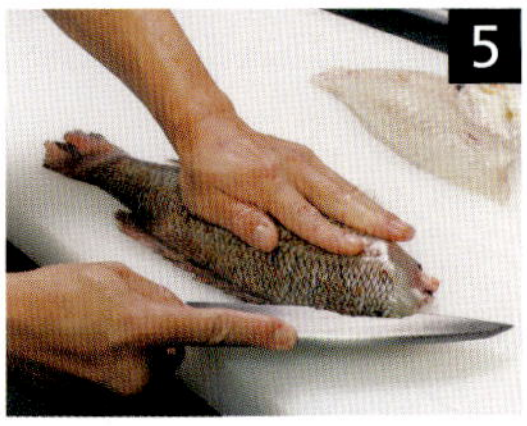

中骨を下、背を手前におき、反対側の身をおろす。背の頭側から中骨の上に庖丁を入れる。

6

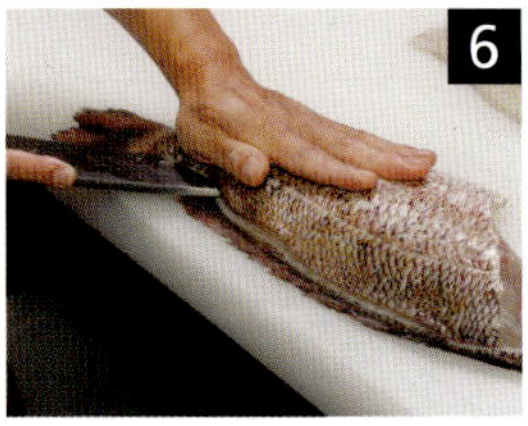

頭から尾に向かって背ビレの際に庖丁を入れ、中骨と背を切り離していく。

7

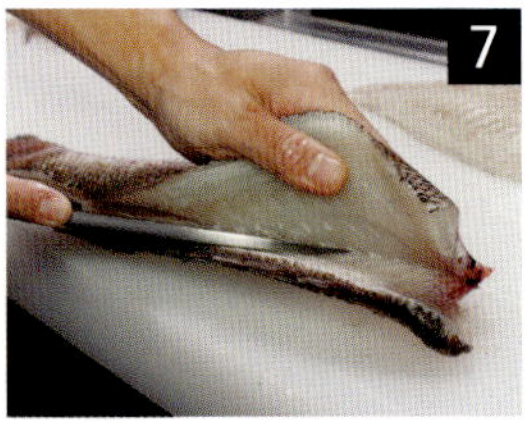

切り離した身を左手で持ち上げなら、かたい腹骨の部分も骨から身を切り離す。

8

中骨に沿って庖丁を動かし、尾まで身を切り離す。

9

いったん切り開いた身をとじ、頭側から尾に向かって身をおろし、尾の付け根で切り離す。

腹骨をすき取る

1

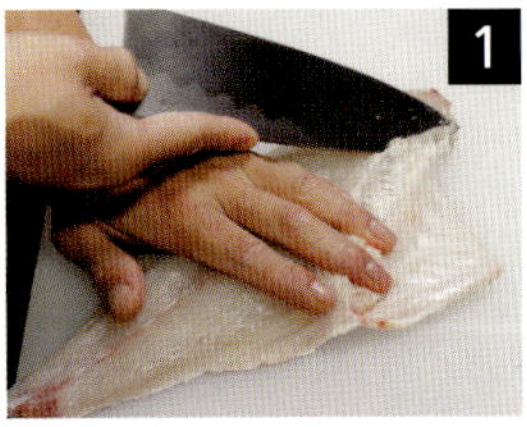

おろし身から腹骨をすき取る。頭を上にしておき、逆さ庖丁で腹骨のつけ根をはずす。

2

頭側を手前にし、はずしたつけ根に庖丁を寝かせて入れ、腹骨をすき取る。

3

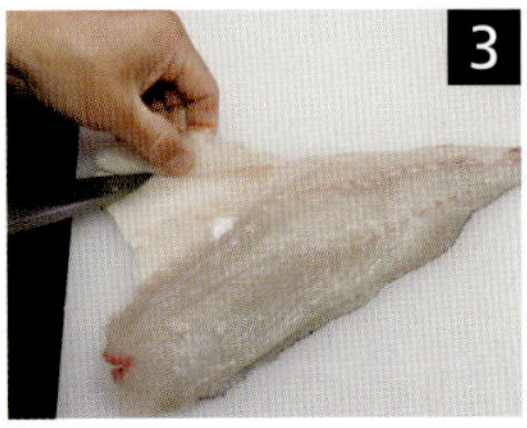

すき取った腹骨を持ち上げ、庖丁を立てておろし身から切り取る。

4

もう一枚のおろし身も同様に、逆さ庖丁で腹骨のつけ根をはずす。

5

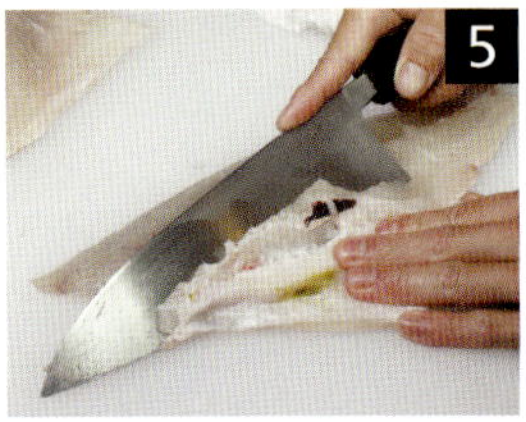

はずしたつけ根に庖丁を寝かせて入れ、腹骨をすき、庖丁を立てて腹骨部分を切り取る。

サク取りする

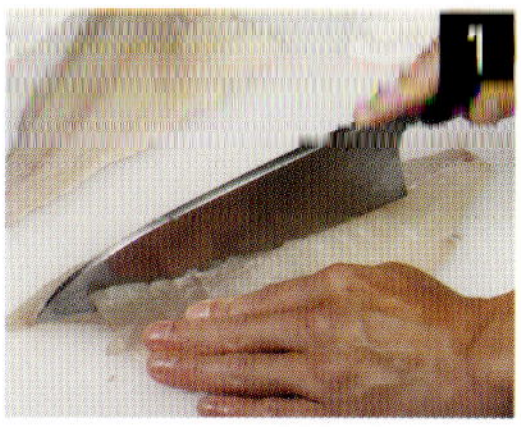

1 おろし身を背身と腹身にサク取りする。血合いや小骨を腹側につける位置に庖丁を入れる。

2 背身はできるだけ幅が均等になるよう意識し、尾近くは腹側の身も背身につけて切り離す。

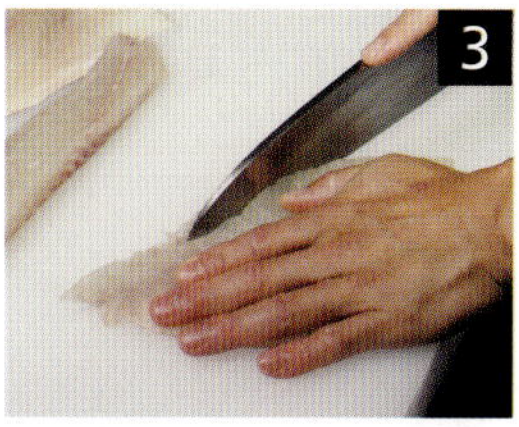

3 腹身に残した血合いや骨の際に庖丁を入れ、切り落とす。

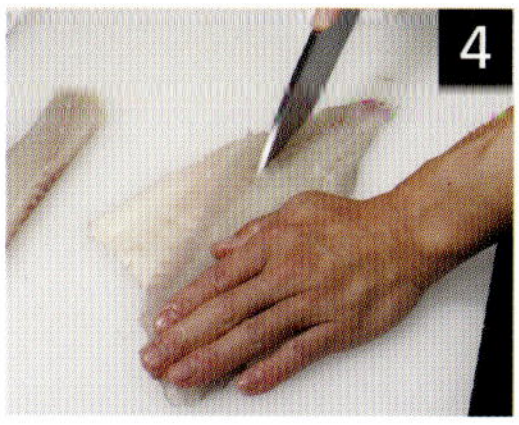

4 腹身もできるだけ同じ幅になるようサクに取る。手幅を目安にし、身の薄い部分は切り落とす。

皮を引く

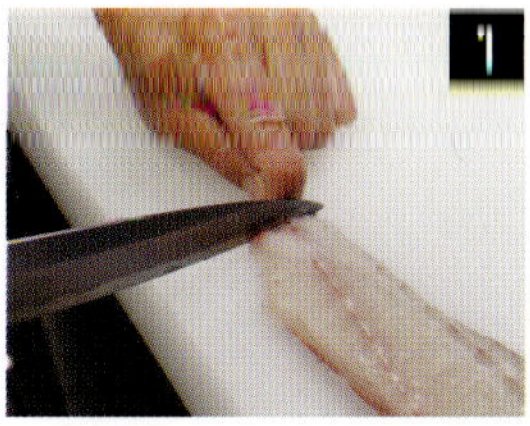

1 サク取りした身を、尾を左、皮を下にしておき、尾に切り目を入れる。

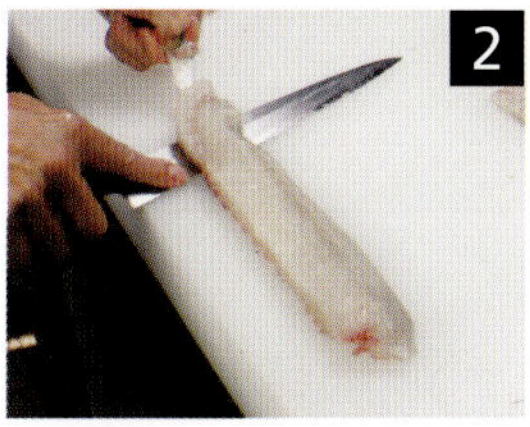

2 切り目から皮と身の間に庖丁を入れ、左手で皮を引っ張りながら、刃先をまな板にあてて引く。

3 身に皮が残らないよう、庖丁を前後に動かしながら慎重に引く。

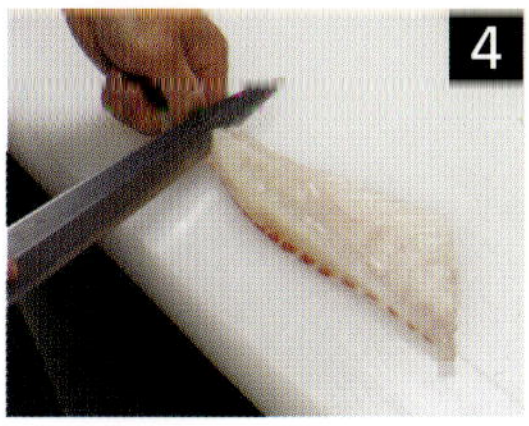

4 腹身も同様に、尾を左、皮を下にし皮を引っ張りながら切りすすめる。

5 庖丁をまな板に押しあてながら前後に動かし、切りすすめていくときれいに引ける。

アラも活用する

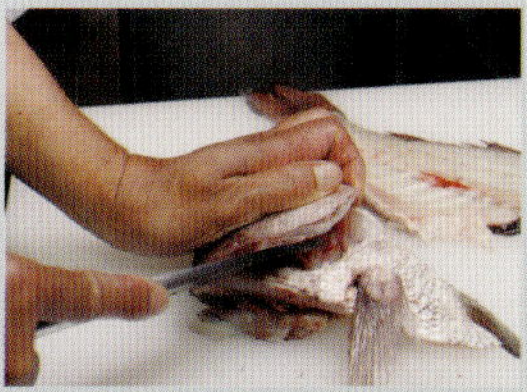

タイの頭や中骨には旨みが多く、落とした頭も掃除して料理に使う。特にカマは身が残っているので焼き物にすると喜ばれる。カマはエラブタを目安につなぎの関節部分を切り離してはずす。

ヒラメ

◎おろし方のポイント

扁平な形をしたヒラメやカレイは、上下の身を背と腹二枚にする五枚おろしの方法でおろしていきます。まず、中骨の上、ヒレとエンガワの間と切り込みを入れてから、切り込みから切り込みに向かって身を開きます。びっしりとついたウロコは柳刃庖丁で丁寧にすき取ります。

◈ウロコをすき取る

細かいウロコが重なり合っているため、すき引きにする。尾側から逆さ庖丁ですき取っていく。

身を傷つけないよう刃先をやや上に向け、魚体に沿って庖丁を前後に大きく動かしながらすく。

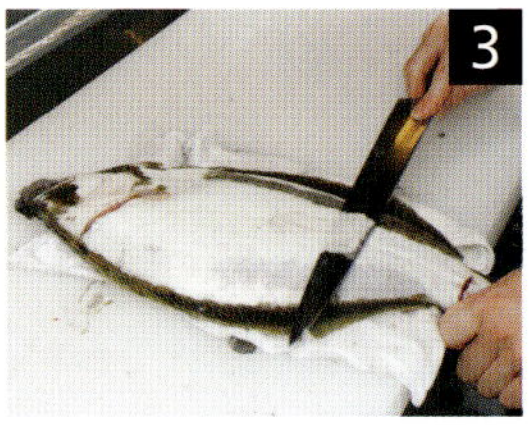

下身も同様にすき引きにする。庖丁を大きく動かしてきれいにすき取っていく。

頭近くやヒレ近くにもついているので、細かい部分も丁寧に取る。

◈頭と内臓を取る

頭を左におき、胸ビレのところにあるエラのつけ根に沿って庖丁を入れる。

頭側も同様に切り込む。

身を返して下身も同様に切り離し、内臓を傷つけないよう頭を引っ張り、内臓ごと取り除く。

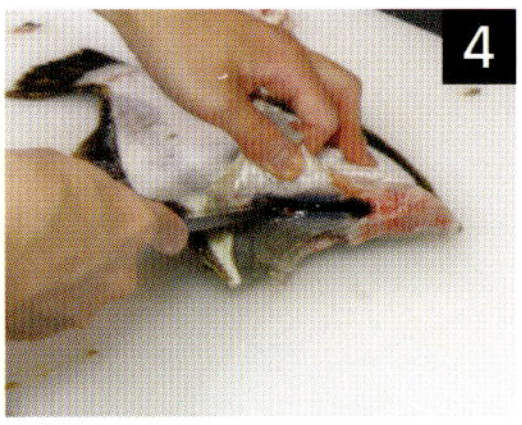

血合いの膜を切り開き、血合いや残っている内臓を水洗いし、腹の中まで水気を拭き取る。

◈苦玉を取り除く

肝を肝和えや肝醤油に使う場合、頭と一緒に引き抜いた内臓から最初に苦玉を取り除く。

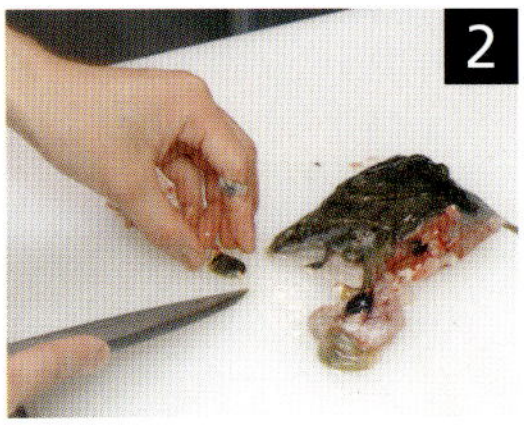

写真が苦玉。苦玉がつぶれると苦みが全体に回ってしまうため、注意が必要。このあと、内臓から肝を取り出す。

◈五枚におろす

下身からおろす。尾を手前にしておき、中央の中骨に沿って縦に切り目を入れる。

腹側のエンガワとヒレの間に切り目を入れる。

この切り目から中骨の切り目に向かって身を切り開き、下身の腹側の身をおろす。

身を返して上身を上にし、頭を手前にしておき、中央の中骨に沿って切り目を入れる。

続いて腹側のエンガワとヒレの間に切り目を入れる。

この切り目から中骨の切り目に向かって身を切り開き、上身の腹側の身をおろす。

身をひっくり返し、下身の背側のエンガワとヒレの間に切り目を入れる。

この切り目から中骨の切り目に向かって身を切り開き、下身の背側の身をおろす。

身を返し、上身の背側のエンガワとヒレの間に切り目を入れ、中骨に向かって身をおろす。

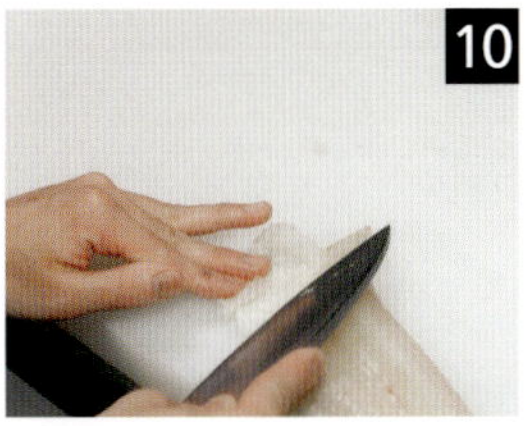

おろし身4枚はそれぞれ腹骨をすき取る。さらにエンガワと身の間に庖丁を入れてエンガワをはずし、皮を引く。

カツオ

◎おろし方のポイント

身がやわらかく、身割れしやすいカツオはできるだけ余分な手を加えず、手際よく庖丁を入れること。ウロコは背側に集中しているため、皮ごとすき取り、頭はたすきに落とします。刺身には三枚におろしたのち、背身と腹身にサク取りして使います。

◈ウロコをすき取る

背からカマにかけてついているかたいウロコを庖丁ですき引きにする。尾から頭に向かってすく。

背のウロコをすき取ったら、胸から腹にかけても庖丁を寝かせ、大きくすき取っていく。

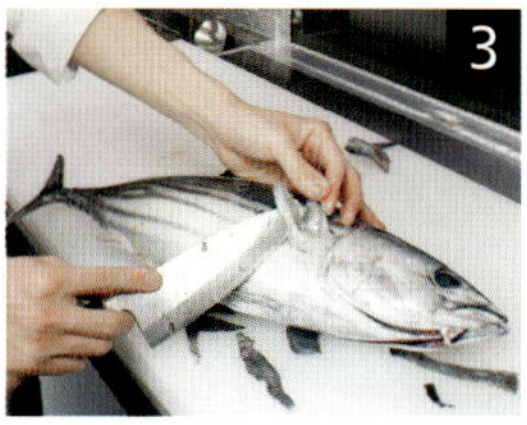

胸ビレ近くもヒレを持ち上げならすき取り、取り残しのないようにする。

◈頭をたすきに落とす

身割れしないよう頭を一気に落とす。胸ビレの後ろから頭に向かって斜めに庖丁を入れる。

身を返して胸ビレの後ろから頭に向かって、同じ角度になるよう斜めに庖丁を入れる。

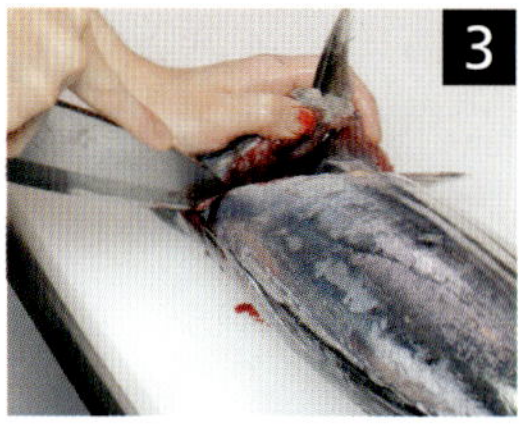

胸ビレの後ろから頭に向かって斜めに庖丁を入れ、頭を切り離し、頭を持って内臓ごと引き抜く。

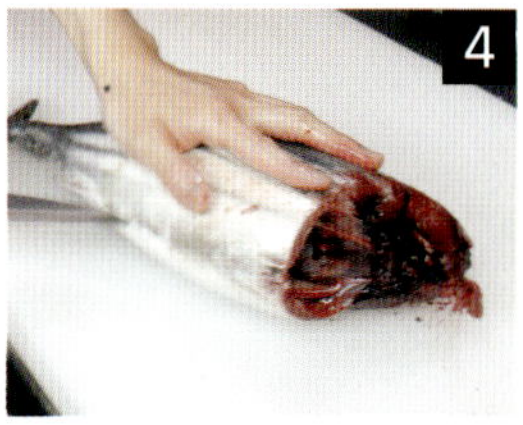

頭を右に腹を手前におき、頭側から庖丁を入れ、肛門まで切り開く。

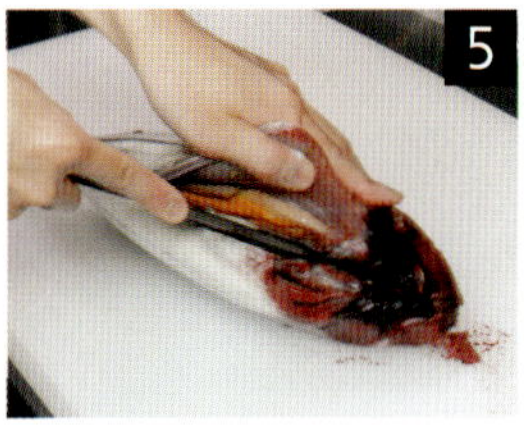

血合いの膜を切り、血合い部分をかき出すように庖丁を入れる。

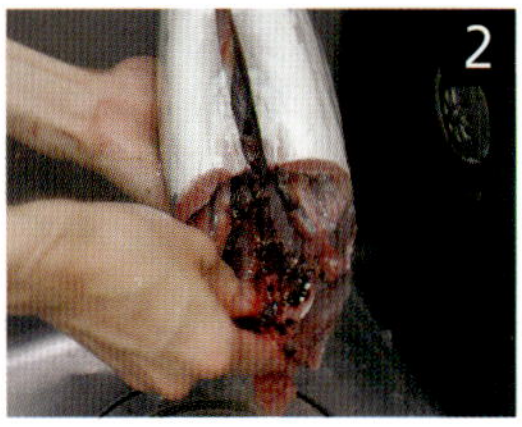

腹の中を丁寧に水洗いし、血合いや汚れを取り除く。血合いが多いので丁寧に洗う。

三枚におろす

腹の中まで丁寧に水気を拭き取り、頭を右、腹を手前におく。腹から尾まで切り開く。

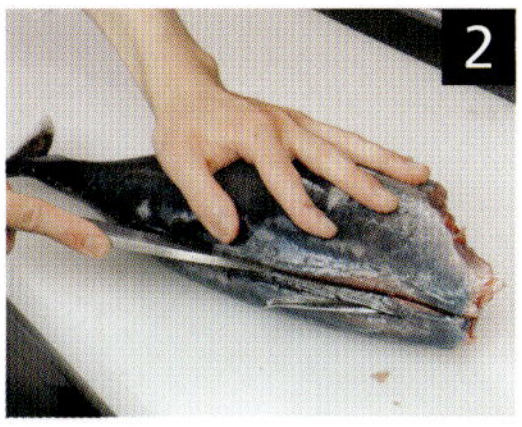

背を手前にし、背ビレの上に庖丁を入れ、中骨に向かって庖丁を入れ、身を切り離す。

尾を向こうにおき、尾側からも同様に庖丁を入れておく。

尾を左手で持ち、尾のつけ根から庖丁を入れ、中骨に沿って頭まで一気に身をおろす。

尾に向かって逆さ庖丁を入れ、身を中骨から切り離し、最後に尾のつけ根を切る。

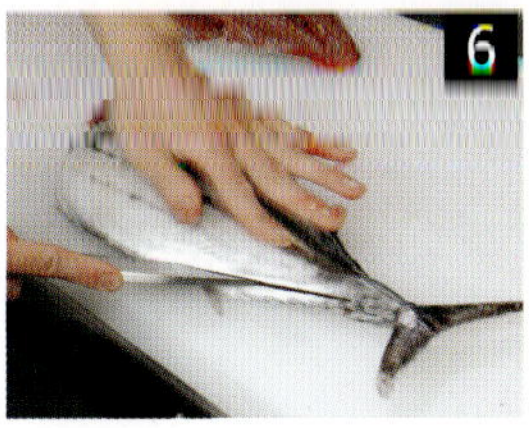

続いて上身をおろす。中骨を下に、腹を手前におき、尾のつけ根近くから庖丁を入れる。

中骨に向かって庖丁を切りすすめ、身を切り離していく。

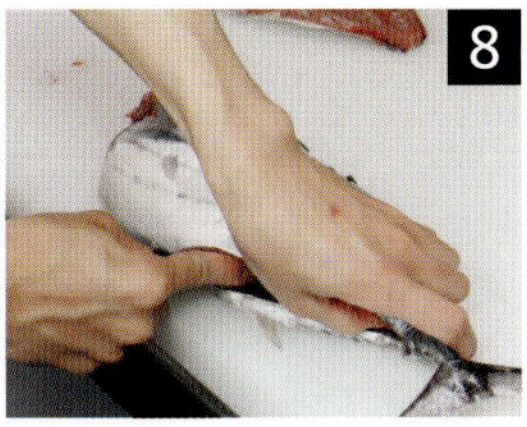

尾を左手で持ち、尾のつけ根から庖丁を入れ、中骨に沿って頭まで一気に身をおろす。

尾に向かって逆さ庖丁を入れ、身を中骨から切り離し、最後に尾のつけ根を切る。

サク取りする

おろした身の腹骨のつけ根を逆さ庖丁ではずしてから、庖丁を寝かせて腹骨をすき取る。

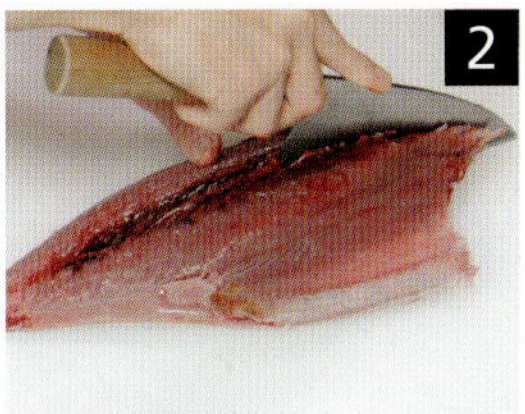

背身と腹身に切り分ける。中骨と血合いを腹側に残して中骨に庖丁を入れ、背身を切り離す。

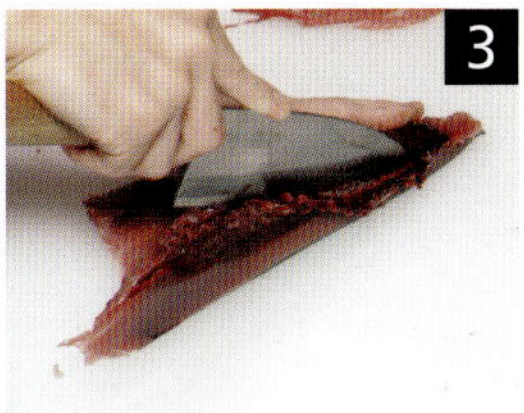

腹側に残した中骨の際に庖丁を入れ、血合いごと中骨を切り取る。もう一枚のおろし身も同様にし、上身の背身と腹身、下身の背身と腹身の4枚に取る。

アナゴ

◎おろし方のポイント

関東では「背開き」、関西では「腹開き」が一般的。腹開きのほうが内臓がきれいに取れるので、刺身向きです。体表を覆う特有のヌメリがあり、まずはこのヌメリを取っておろしやすくします。体が長いので、目打ちでしっかり固定して身を開いていきます。中骨は骨せんべいなどに活用します。

◈水洗いする

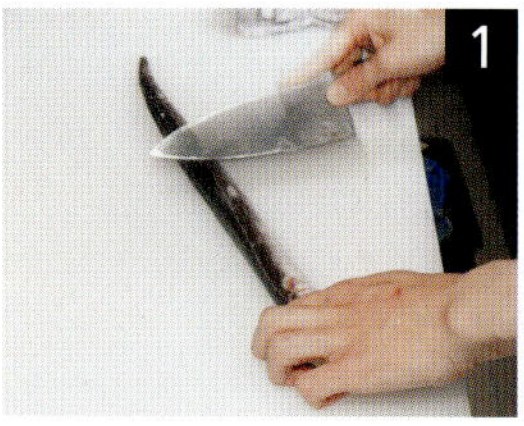

アナゴは活け、または活けじめのものを使う。表面のヌメリを庖丁の刃でしごいて取り除く。

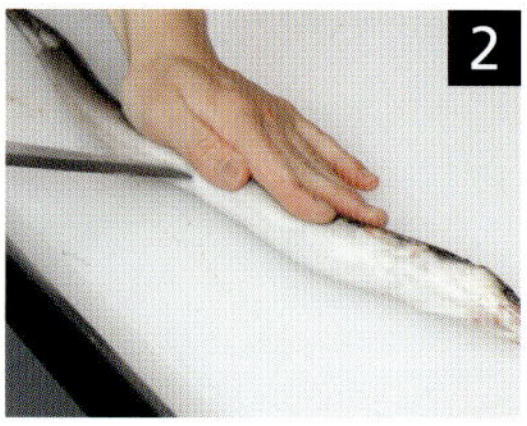

逆さ庖丁で肛門から切っ先を入れ、内臓を傷つけないよう腹を切り開いていく。

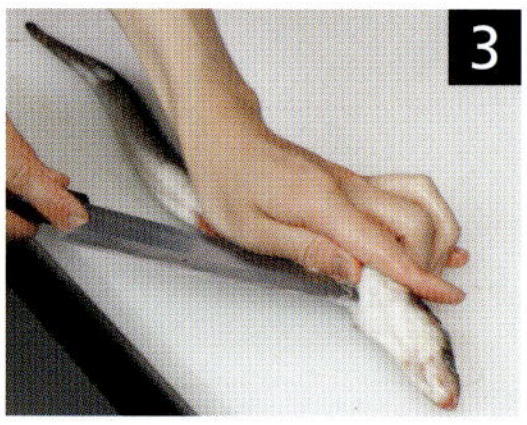

庖丁を切りすすめて腹を開く。

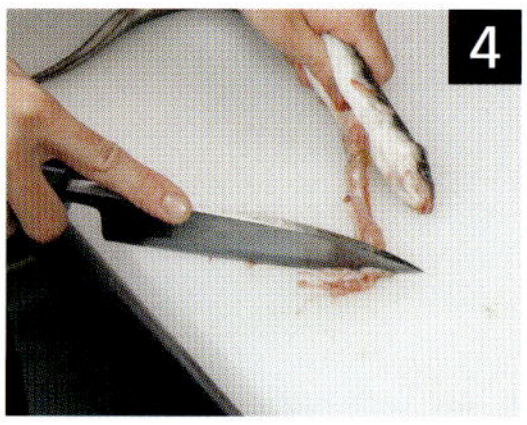

腹を開いたら、そのまま庖丁の刃先で内臓を引っ張り出す。

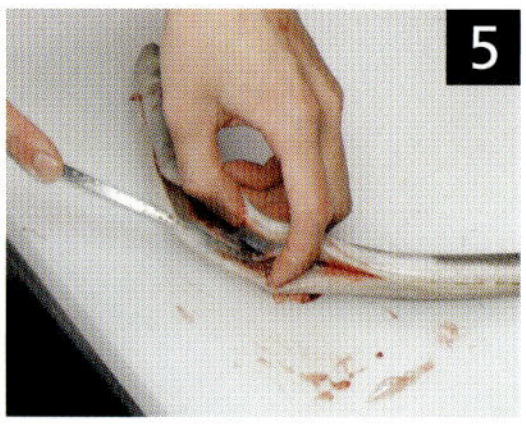

腹に残っている内臓の残りは切っ先でかき出す。

体の表面のヌメリや腹の中をよく水洗いし、水気を丁寧に拭き取る。

◈腹開きにする

頭を右、腹を手前におき、まな板に目打ちで固定し、逆さ庖丁で腹からカマ下まで切り開く。

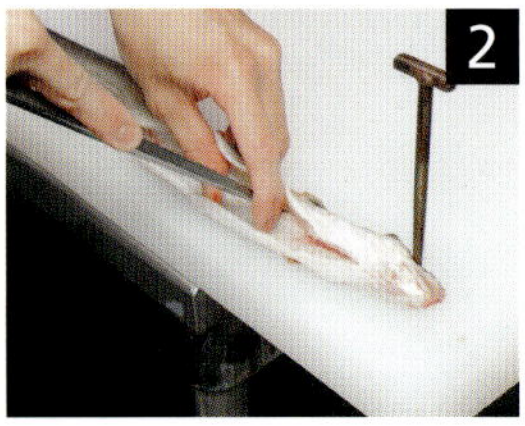

庖丁を中骨の上に入れ、左手を庖丁のミネに添えながら、中骨に沿って身を切り開く。

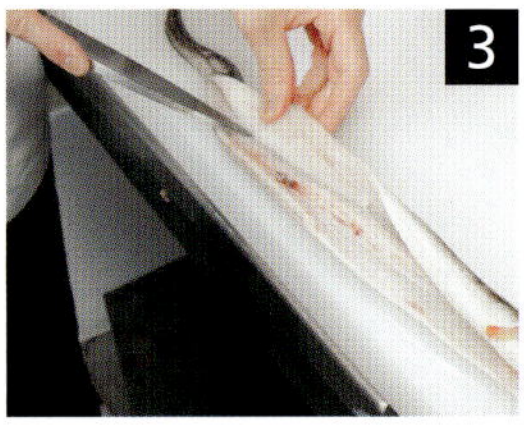

背側の皮を切らないよう、切っ先の位置を左手で確認しながら尾まで切り開く。

身を開いたら、頭をカマの下で切り落とす。

中骨をはずす

中骨を下、尾を右におき、尾のつけ根から中骨の上に庖丁を入れる。

中骨を身から切り取っていく。身を持ち上げるようにすると中骨の位置がわかりやすい。

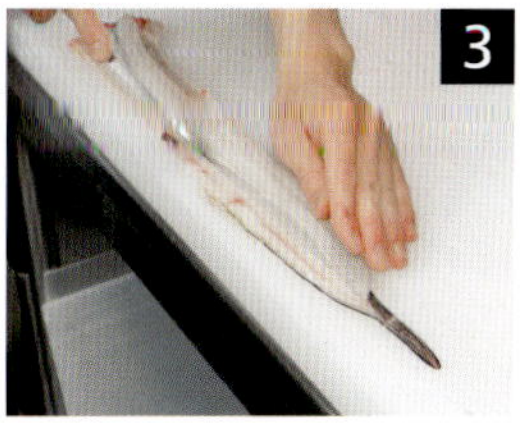

切り離した身を中骨で折り返し、まだ身についている部分の際に庖丁を入れ、中骨をはずす。

腹骨、ヒレを取る

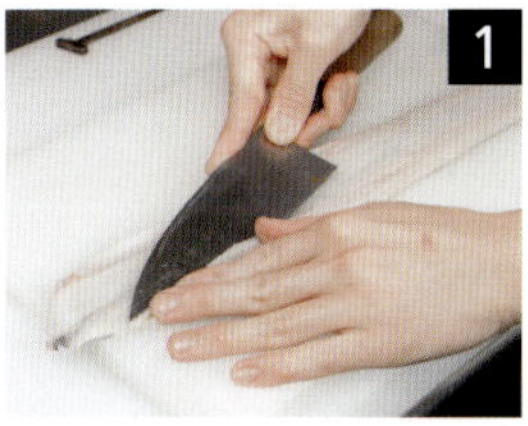

腹骨のつけ根に庖丁を寝かせて入れ、腹骨と薄皮をすき取る。

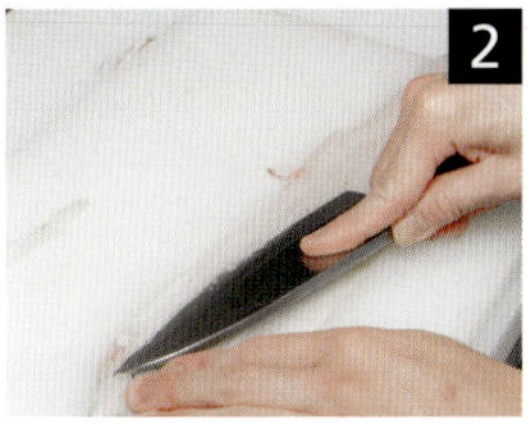

反対側も同様に逆さ庖丁で庖丁を寝かせて入れ、腹骨と薄皮をすき取る。

皮面を外側にして半分に折り、尾から背ビレの際に庖丁を入れ、少し切り取る。

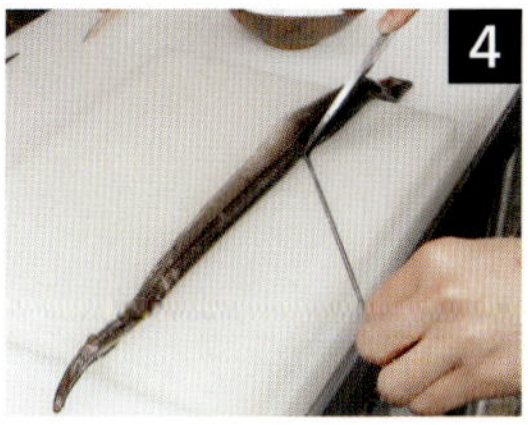

切り取った背ビレを左手で引っ張りながら、切っ先で背ビレを切り取っていく。

ハモ

◎おろし方のポイント

身の表面のヌメリと三角形の中骨、身に入り込んだ小骨に特徴があり、扱いの難しい魚の一つです。それぞれ手順をしっかり覚えることが大切。特に小骨を断ち切るための骨切りを上手にこなすには経験と修練が必要です。活けのものを扱うときは鋭い歯があるので噛まれないように注意します。ここでは活けのものを使っています。

◈ヌメリと内臓を取る

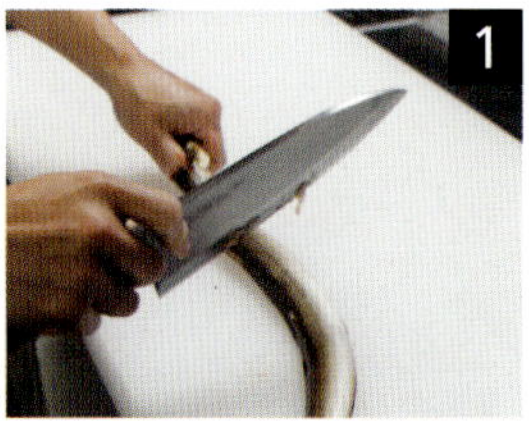

頭をしっかり持ち、庖丁の刃先を使って体の表面のヌメリをしごき取る。

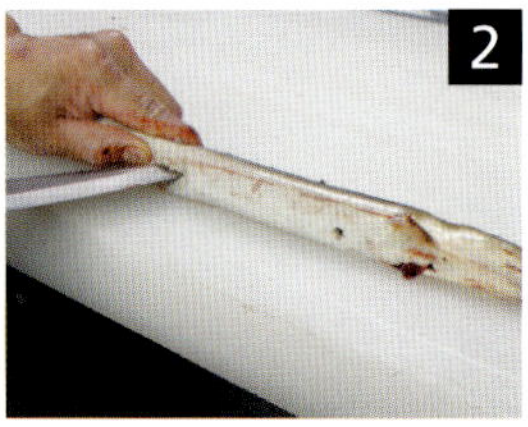

頭を右、腹を手前におき、逆さ庖丁で肛門に切っ先を入れ、頭のつけ根まで腹を切り開く。

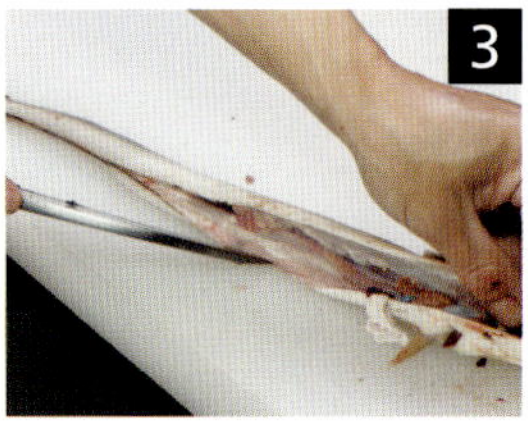

開いた身を持ち上げながら頭から尾に向かって庖丁を入れ、内臓につながっている膜を切る。

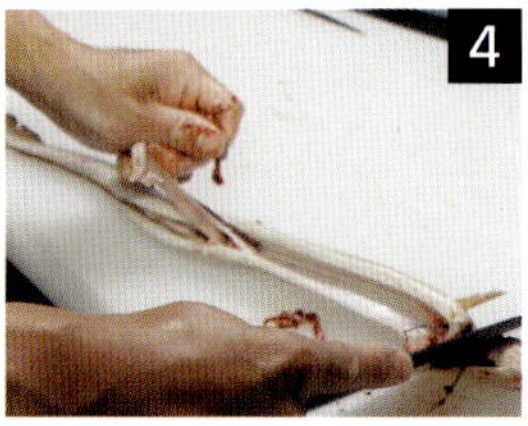

エラのつけ根を切る。

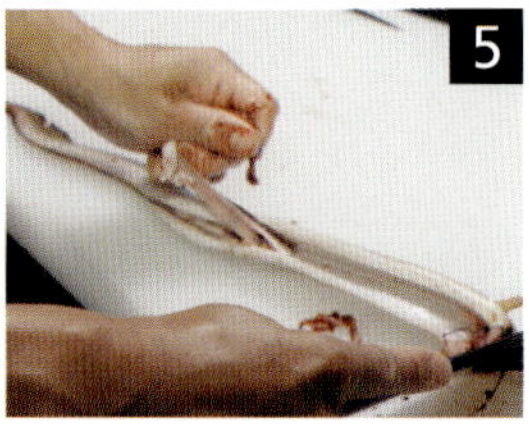

エラと内臓を傷つけないよう取り出す。肝や浮き袋、白子など苦玉以外は珍味として活用する。

体の表面のヌメリや腹の中の血合い、内臓の残りをよく水洗いし、水気を丁寧に拭き取る。

◈腹開きにする

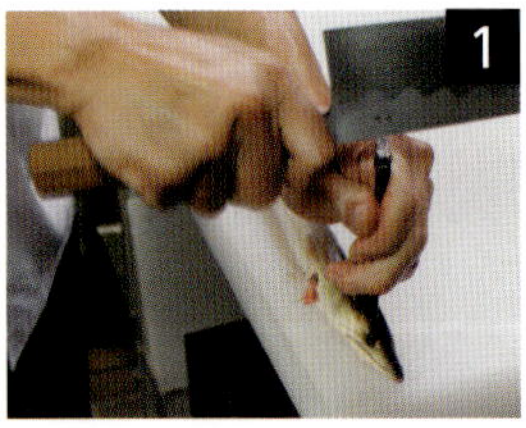

頭を右、腹を手前におき、まな板に目打ちし、庖丁のミネを打ちつけてしっかり固定する。

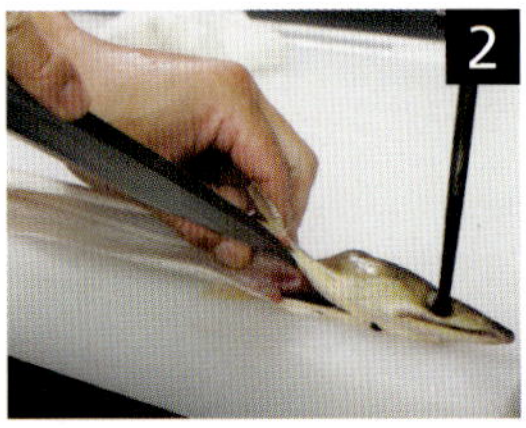

頭のつけ根から庖丁の切っ先を入れ、中骨の三角の辺の角度に合わせて切りすすめる。

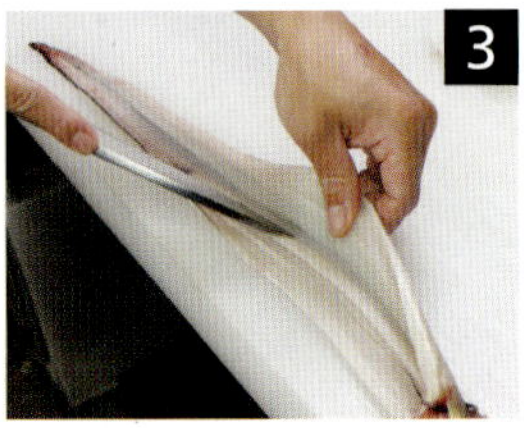

庖丁を立てるようにして、背の皮を切らないよう注意しながら、頭から尾まで身を切り開く。

頭、中骨、背ビレを取る

頭を切り落とし、目打ちをはずす。

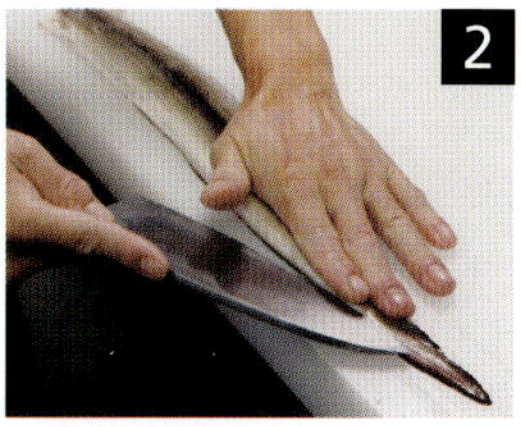

尾を右、中骨を下にしておき、尻ビレの上を少し切り、これをとっかかりにして庖丁を入れる。

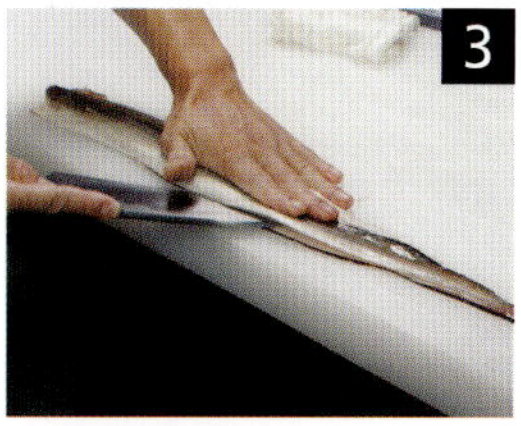

左手で押さえながら刃の角度を確認し、中骨に沿う角度で切りすすめ、中骨をはずしていく。

途中、中骨に角度がついてきたら、庖丁を立てて切りすすめ、これを繰り返して中骨をはずす。

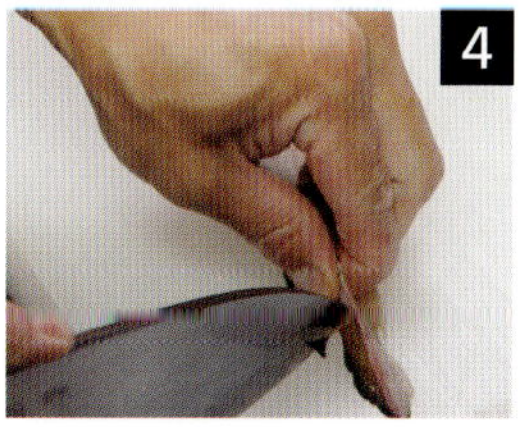

尾を切り落とす。

身を上にしておき、背ビレの端を庖丁で押さえ、身を左手でひっぱりながら背ビレを取る。

両側の腹骨をすき取る。腹骨のつけ根に庖丁を入れ、左手を添えながらそぎ取る。

そのまま庖丁を返して、逆さ庖丁で反対側の腹骨もそぎ取る。

骨切りする

頭側を右にしておき、骨切り庖丁で皮一枚を残す感覚で骨と身を切る。1ミリ間隔が目安。

庖丁の重みだけで切り、その反動で庖丁を持ち上げ、これを繰り返し、リズムよく切っていく。

骨切りした身を食べやすい幅（3センチ程度）に切り離す。

頭の処理

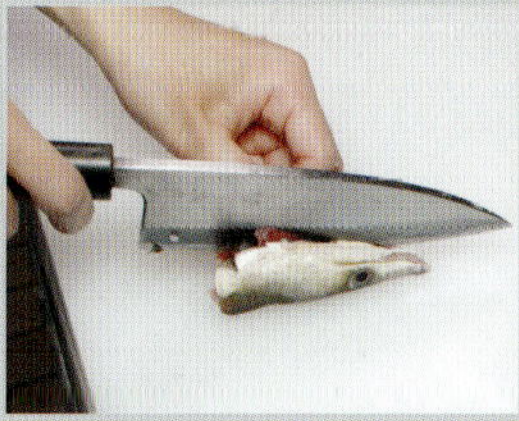

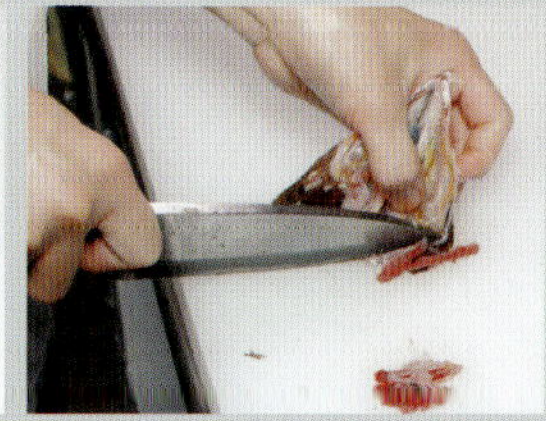

ハモの頭からはいいだしが取れる。頭を口のところで半分に開き、エラを取り除き、水洗いしてから使う。

アジ

◎おろし方のポイント

身がしっかりしていて、大きさもほどよく、おろしやすい魚の一つです。ゼイゴと呼ばれるトゲ状のかたいウロコが尾のつけ根から体の中心にあり、庖丁ですき取ってからおろしはじめます。姿造りにもつくりやすくここでは姿造り用のおろし方を紹介します。姿で使わない場合は、頭から尾まで一気に庖丁を入れる大名おろしにします。

◈ウロコ、ゼイゴを取る

庖丁の刃先で尾から頭に向かってウロコをこそげ取る。細かいウロコがついているので丁寧に。

尾のつけ根に庖丁を寝かせて入れ、ゼイゴを取る。ウロコを引く前にゼイゴを取ってもよい。

庖丁を浮かせるイメージで身を傷つけないよう、ゼイゴのみすき取っていく。

◈内臓を取る（姿造り用）

姿造り用に頭を中骨につけて身をおろす。エラブタを持ち上げ、エラのつけ根を切り離す。

頭を右、腹を手前にし、エラブタからカマ下に向かって斜めに切り目を入れる。

切り目からエラごと内臓を取り出し、血合いや汚れを水洗いして取り、腹の中まで水気を拭く。

◈三枚におろす

頭を右、背を手前におき、胸ビレを持ち上げ、胸ビレの後ろに斜めに切り目を入れる。

尾のつけ根に切り目を入れる。

背ビレの上に庖丁を入れ、頭側の切り目から尾の切り目に向かって切りすすめる。

中骨の上をすべらせながら尾まで一気に切りすすめ、上身をおろす。

5

続いて下身をおろす。頭を左、背を手前におき、尾のつけ根に切り目を入れる。

6

そのまま背ビレの上に庖丁を入れ、頭側に向かって中骨に沿って切りすすめる。

7

左手を身に沿わせながら、尾から頭に向かって中骨から身を切り離していく。

8

頭まで身をおろしたら、尾のつけ根を切り離す。

◈腹骨、小骨、皮を取る

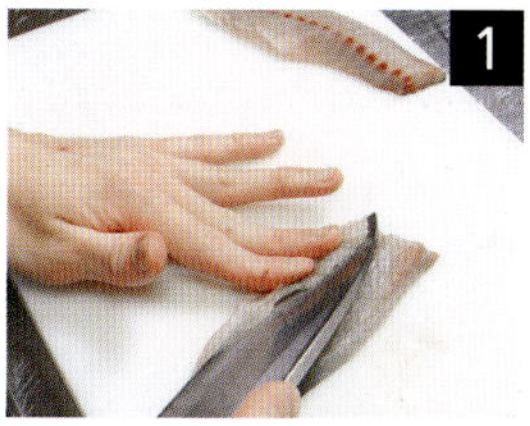

1

おろし身の腹骨をすき取る。腹骨のつけ根から庖丁を寝かせてそぎ取る。

2

身に小骨が残っているので、手で探りながら骨抜きでつまみ、頭側に向かって引き抜く。

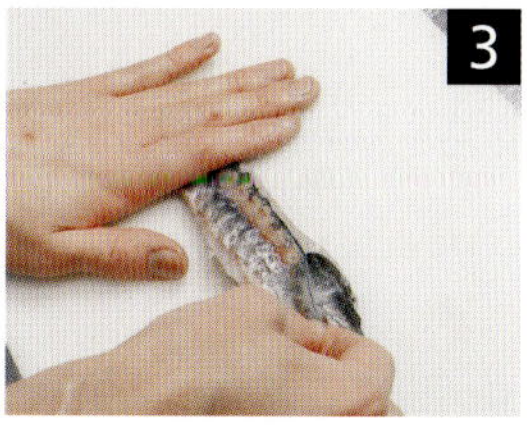

3

アジの皮は手でもむける。尾の皮を少しめくり、頭側に向かってむく。庖丁を使う場合は、皮目を下にしておき、身と皮の間に庖丁を寝かせて入れ、皮を手で引っ張りながら庖丁をすべらせて引く。

イワシ

◎おろし方のポイント

身がやわらかく、手開きでもおろすことができます。手開きの場合、小骨も一緒に取れるという利点があります。ただし、傷みやすいので刺身には手際のよさが必要です。庖丁でおろす場合は頭から尾に向かって一気におろす大名おろしにします。

◈頭と内臓を取る

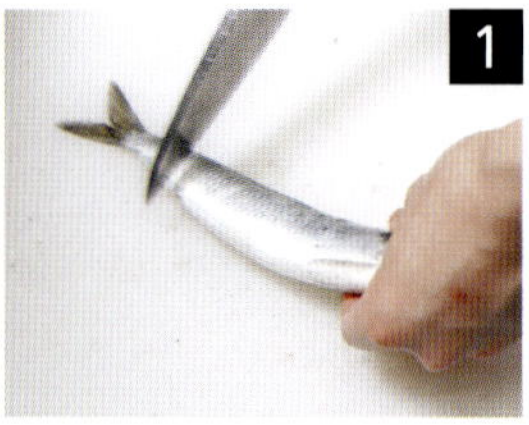

1 尾から頭に向かって庖丁の刃先を使い、ウロコをこそげ取る。背、腹とすみずみまで取る。

2 胸ビレの下に斜めに庖丁を入れ、頭を切り落とす。

3 切り落としたところから庖丁を入れ、腹を切り開く。

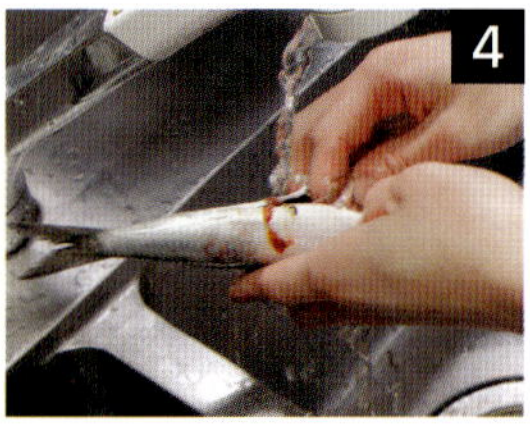

4 内臓を取り出し、腹の中を水洗いし、血合いや汚れを取り除き、水気を丁寧に拭き取る。

◈手開きにする

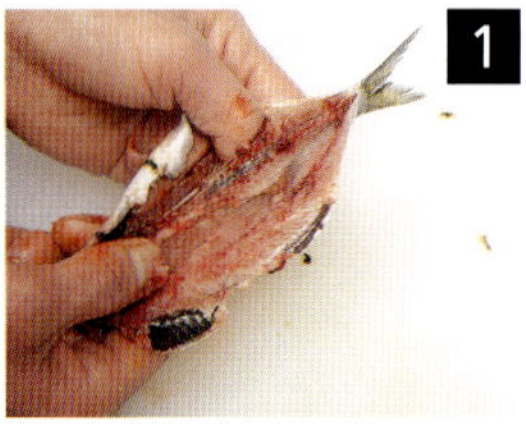

1 親指を下身側の中骨の下に入れ、尾に向かってしごくようにすべらせ、身をはずす。

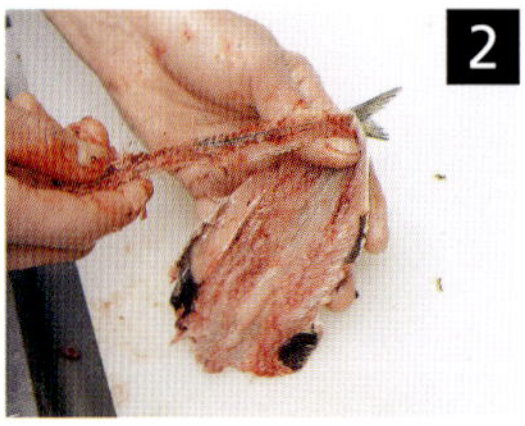

2 上身側も同様にして身をはずし、尾のつけ根で中骨を折ってはずす。

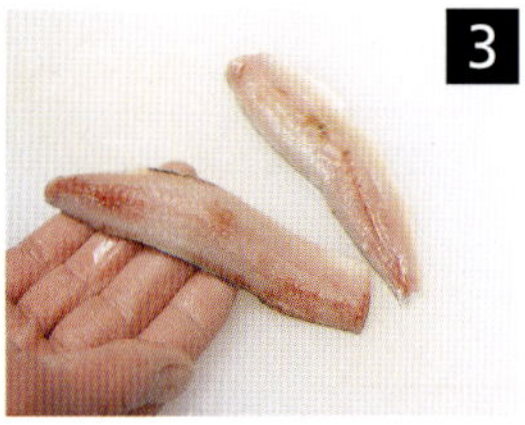

3 背で半分に切って２枚にし、腹骨をすき取り、背のかたい部分を切り落とす。

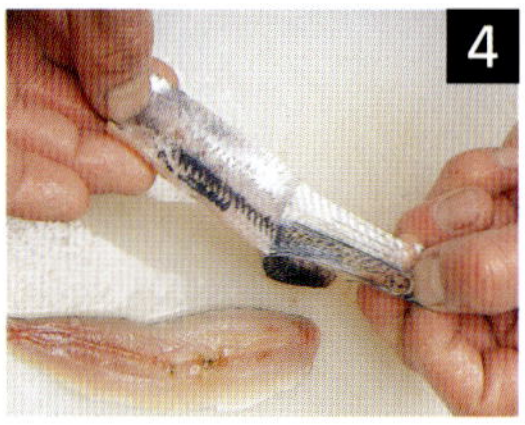

4 手で皮をむく。皮目を少し酢につけると銀がきれいに残る。

サヨリ

◎おろし方のポイント

身が細く小型の魚で、大名おろしで手早く三枚におろせます。腹の中が黒いのが特徴で、この黒い膜は生臭みの元にもなり、できるだけきれいに取り除くことが鉄則。それによって透明感のある身や銀皮の美しさも活きてきます。

◈頭と内臓を取る

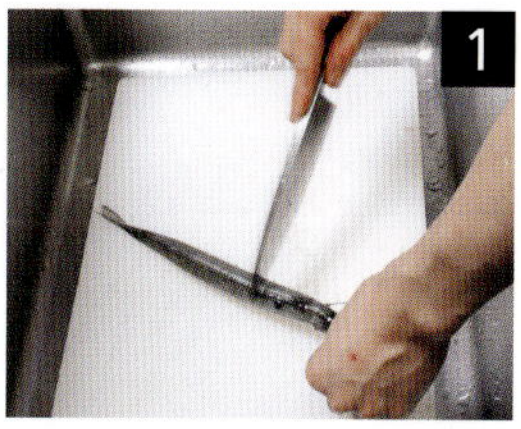

刃先をすべらせるように動かし、ウロコを取る。力を入れすぎると身を傷つけるので注意。

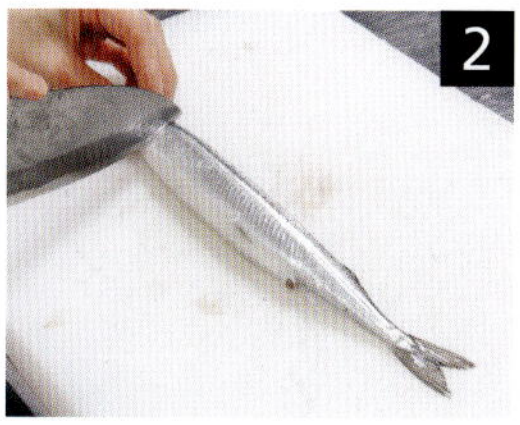

胸ビレの下に斜めに庖丁を入れ、頭を切り落とす。

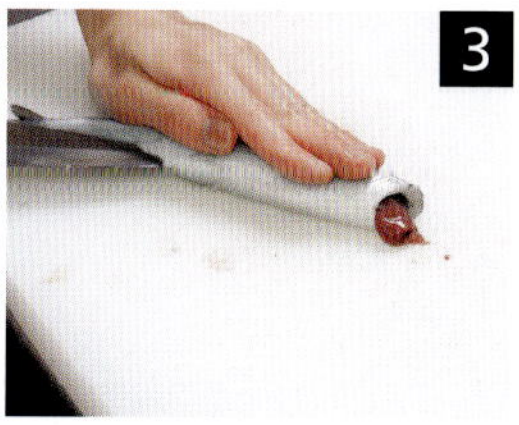

頭を右、腹を手前におき、肛門から頭まで腹を切り開く。

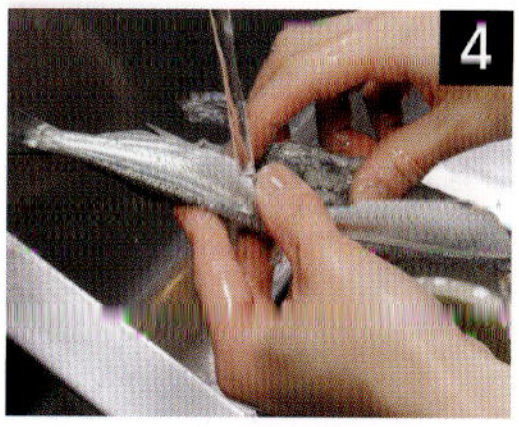

庖丁の刃先で内臓を取り出し、腹の中を洗う。黒い膜を指を使ってかき出しながら丁寧に洗う。

◈大名おろしにする

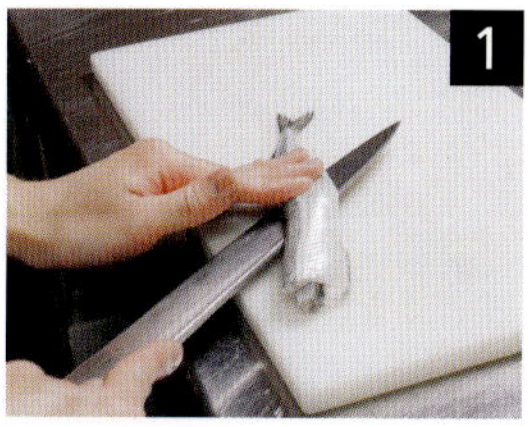

水気を拭き取ってから、頭を右、背を手前におき、中骨の上をすべらせるように上身をおろす。

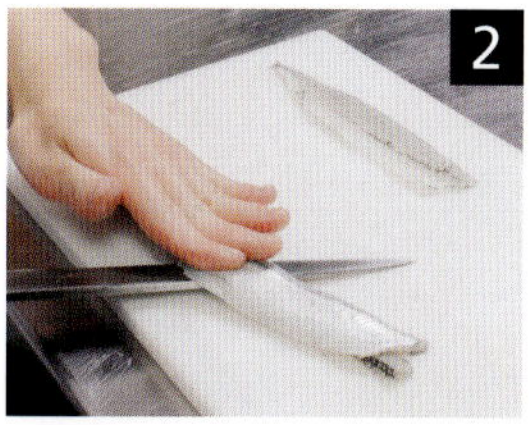

裏に返し、下身も同様に、中骨に沿って庖丁をすべらせ、身をおろす。

腹骨のつけ根に庖丁を寝かせて入れ、腹骨をすき取る。かたい腹ビレも切り取る。

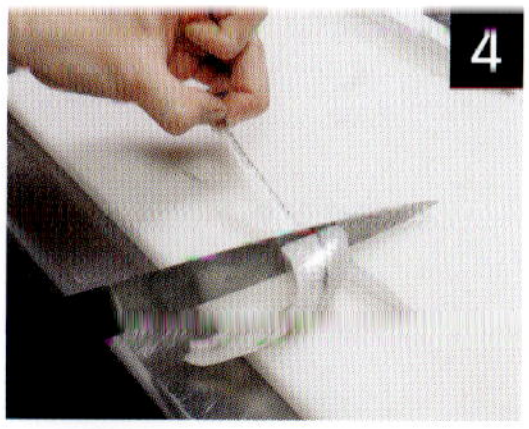

尾の端に切り目を入れ、左手で皮をつまみ、庖丁のミネで身を押すようにすべらせ、皮を引く。

ホウボウ

◎おろし方のポイント

筒形の丸い姿と色鮮やかな大きな胸ビレが特徴。まな板においたときに安定感がないため、大名おろしで手早く三枚におろしていきます。身を残した中骨はアラ汁などに活用します。体に比して頭が大きく、この頭も汁物などにすると、いいだしが出ます。

◈ウロコを引き、頭を落とす

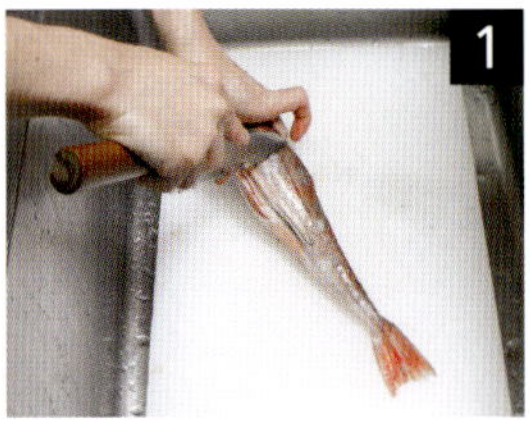

ウロコはあまり多くなく、ヒレ近くについている。尾から頭に向かってこそげ取る。

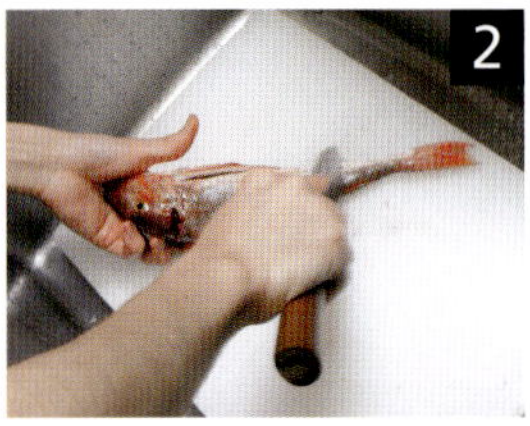

腹の下側も体を返して取る。

胸ビレを持ち上げ、頭からカマ下に斜めに庖丁を入れ、頭を一気に切り落とす。

◈水洗いする

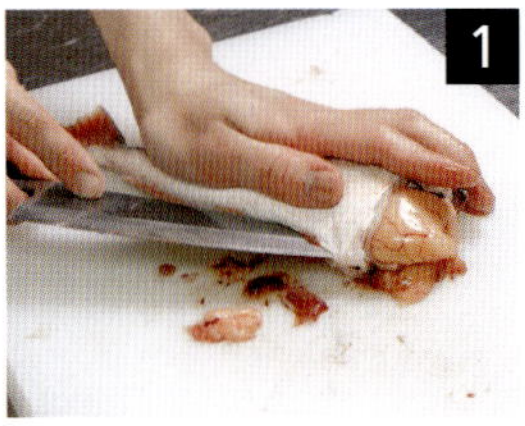

逆さ庖丁で肛門に庖丁の切っ先を入れ、頭側に向かって腹を切り開き、内臓を取り出す。

切り落とした頭からエラをはずす。エラブタを開いてつけ根を切り離し、手で引きぬく。

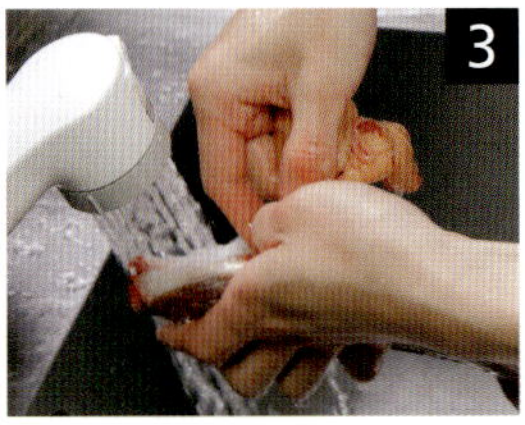

残っている内臓を取りながら、腹の中を水洗いする。血合いをかき出し、残っている膜も取り除く。

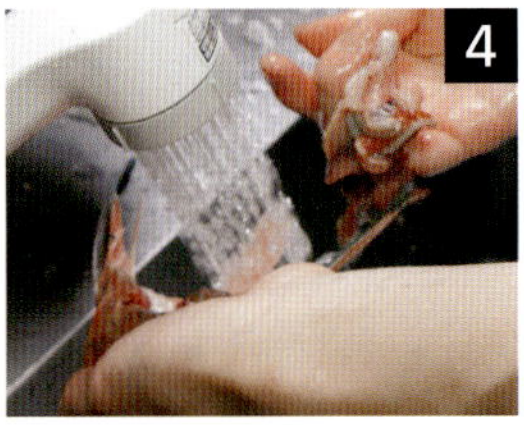

頭も水洗いし、血や汚れを取り除く。頭は適当な大きさに切り分け、アラ汁などに使う。

◈三枚におろす

頭を右、背を手前におき、中骨の上に庖丁を入れる。体が安定しないため、しっかり押さえる。

中骨に沿って尾まで一気に庖丁をすべらせ、上身をおろす。

身を返して中骨を下にし、中骨と身の間に庖丁を入れる。

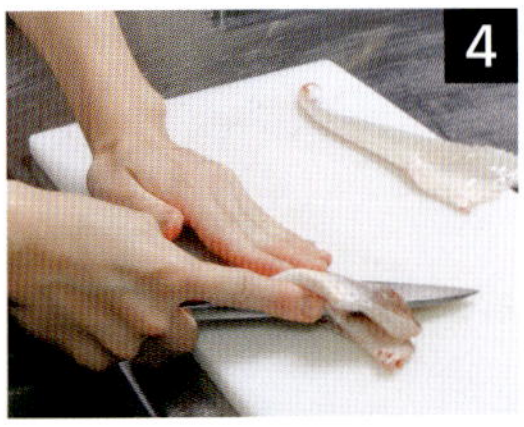

左手で身を押さえながら、中骨に沿って尾まで一気に庖丁をすべらせ、下身をおろす。

コチ

◎おろし方のポイント

ホウボウ同様、筒状の形をした魚で、鋭い背ビレに特徴があります。頭を落とす際、庖丁を入れにくいため、体の両側から切り込み、上から見るとV字になるようたすき落としにします。あとの身のおろし方の手順はホウボウと同じです。頭にも価値があり、骨蒸しにすると喜ばれます。

◈腹骨、小骨、皮を取る

腹骨のつけ根に庖丁を斜めに入れ、腹骨をすき取り、端までできたら庖丁を立てて切り整える。

小骨を抜く。身割れしないよう身を持ち上げ、指で骨を押し上げながら骨抜きで引き抜く。

皮目を下にし、尾の端に切り目を入れて皮をつまみ、皮と身の間に庖丁を入れ、身を押すようにすべらせ、皮を引く。

◈ウロコを引く

ヌメリを流水で洗い流してからウロコを引く。かたいウロコが背のほうに多くついている。

尾から頭に向かって庖丁を動かし、ウロコを丁寧に取る。

◈頭を落とす

頭を左、腹を手前におき、胸ビレの下からカマ下に向かって斜めに庖丁を入れる。

身を返し、カマ下から胸ビレの下、頭に向かって斜めに庖丁を入れる。

頭を持ち上げ、カマのつけ根を切り離し、内臓ごと頭をはずす。

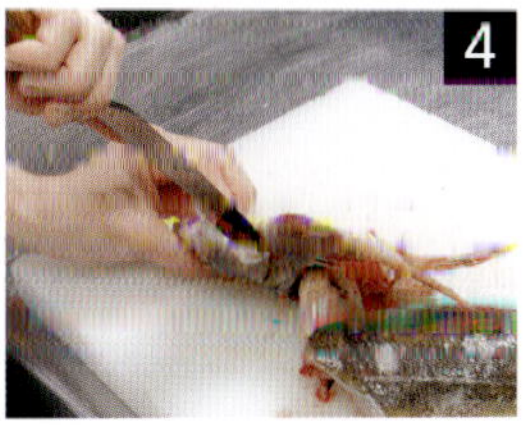

頭はエラをはずしておく。

アイナメ

◎おろし方のポイント

細かいウロコがびっしりついているので、庖丁を使ってすき引きにするのが一般的です。姿造りにする場合はエラと内臓を一緒に取る方法で水洗いしますが、そうでない場合は最初に頭を落としても構いません。ここで紹介するおろし方は、下身の腹、上身の背、下身の背、上身の腹と順次、身を返しながらおろしていく方法です。

◈ウロコを引く

尾の方から庖丁を寝かせてウロコをすいていく。細かいウロコが体全体にびっしりついている。

大きく庖丁を動かしながらすき取る。ヒレ近くなど細かい部分は丁寧に取る。

◈内臓を取る（姿造り用）

エラブタを持ち上げ、庖丁を立てて入れ、エラのつけ根を切り離す。

頭を右、腹を手前におき、カマ下から肛門に向かって腹を切り開く。

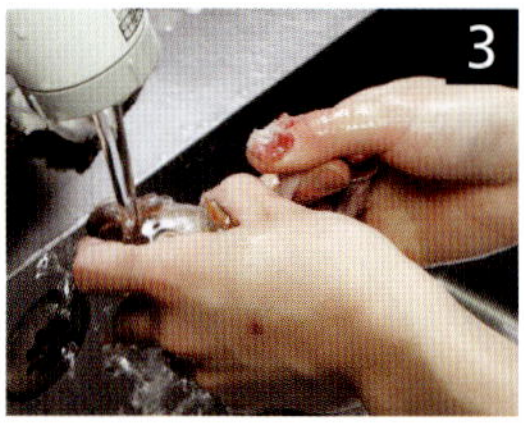

切り口からエラごと内臓を取り出し、水洗いする。

血合いや膜を手でかき出して洗い、腹の中まで丁寧に水気を拭き取る。

三枚におろす

姿造りにしない場合は、頭を切り落とす。

頭を左、腹を手前におき、腹側から中骨に向かって庖丁を入れ、かたい腹骨を切り離す。

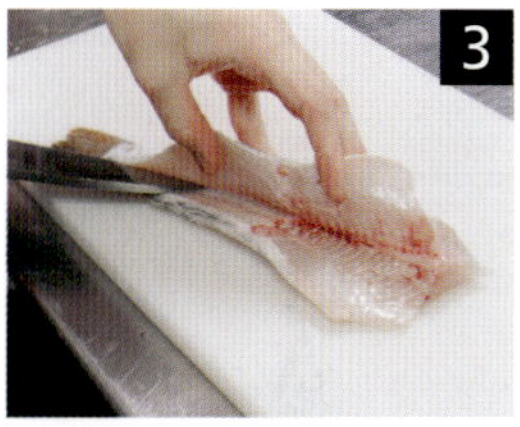

庖丁を中骨に沿わせながら、中骨まで身を切り開く。

身を返し、背から尾に向かって庖丁を入れる。庖丁は常に中骨に沿わせながら切り開く。

さらに身を返し、背側の尾から頭に向かって身を切り開く。

頭まで切り開いた庖丁を逆さ庖丁にし、尾のつけ根を切り離す。

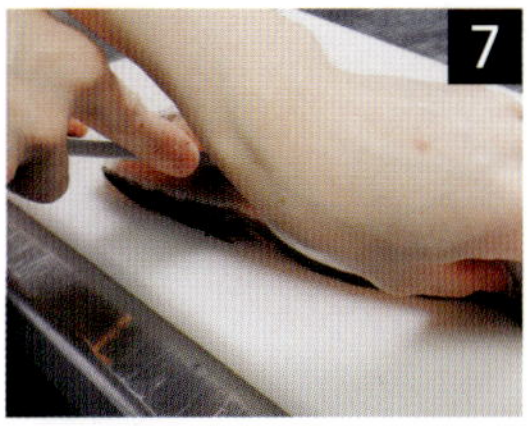

庖丁を返して、尾を左手で押さえ、頭に向かって中骨の上をすべらせ、身を切り離す。

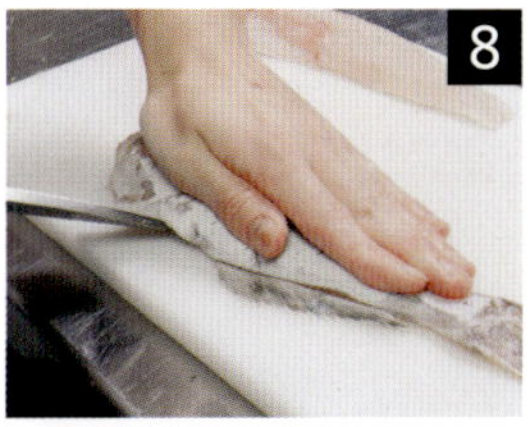

尾を右、腹を手前、中骨を下におき、上身の腹側の身を中骨に向かって身を切り離す。

最後に尾の部分を逆さ庖丁で切り離す。

腹骨、小骨を取る

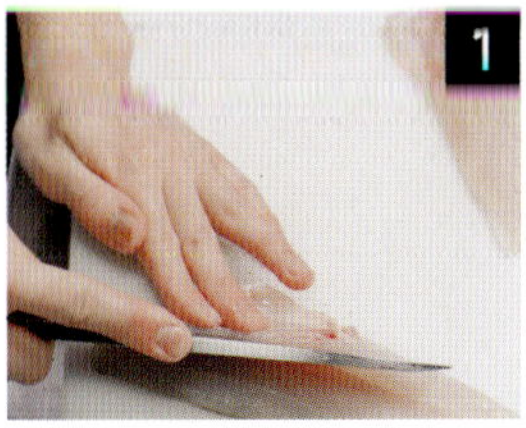

おろし身の腹骨をすき取る。腹骨のつけ根に庖丁を寝かせて入れ、刃先を浮かせるようにそぐ。

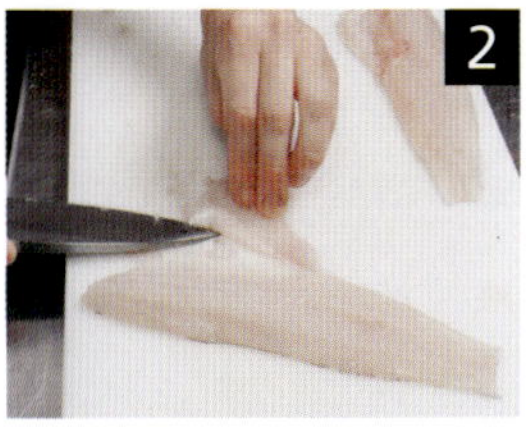

そいだ腹骨部分を持ち上げ、庖丁を立てて身から切り離す。

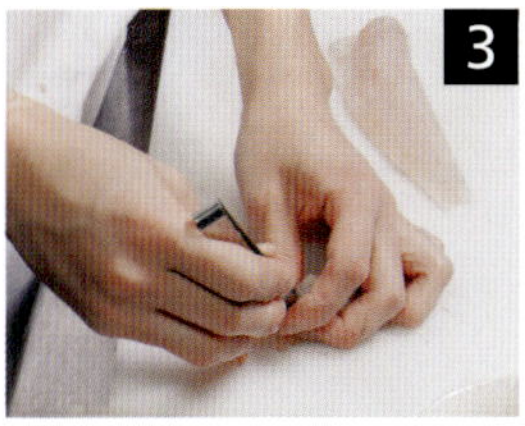

身を持ち上げながら、頭の方へ骨抜きで小骨を引き抜く。小骨が多く、骨切りして使う場合もある。

タチウオ

◎おろし方のポイント

形が独特ですが、魚体が長いことを除けば、おろし方は他の魚とあまり変わりません。体表の銀色の色素がウロコの代わりをしているので、ウロコはなく、頭を落とすところからはじめます。鋭い歯を持っているので、扱いには注意が必要です。細い尾はあらかじめ切り落としても構いません。

◈頭と内臓を取る

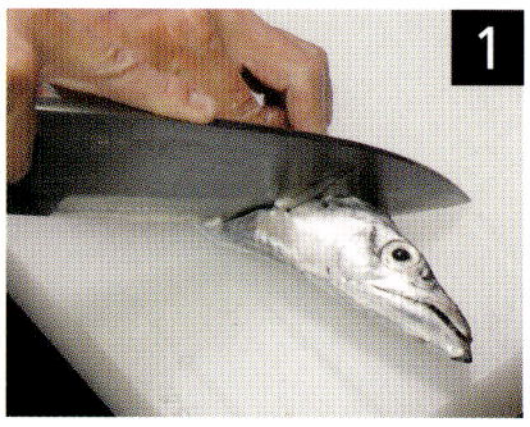

1 胸ビレの下に庖丁を入れ、カマ下に向かって斜めに頭を切り落とす。

2 肛門から逆さ庖丁で庖丁の切っ先を入れ、頭側まで腹を切り開く。

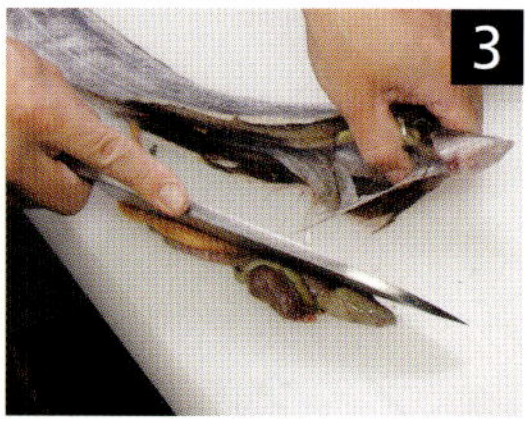

3 庖丁の刃先で内臓を引き出す。子を持っている場合は、取り出して煮つけなどにする。

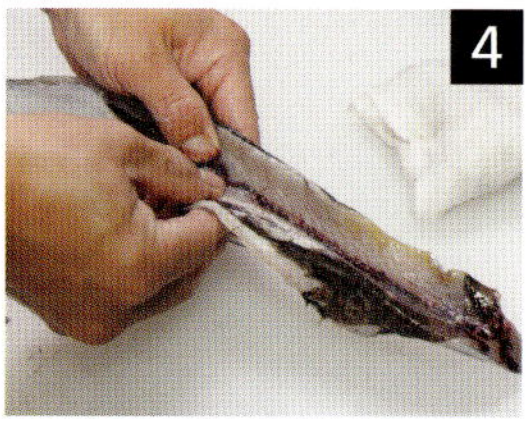

4 指で血合いをかき出し、水洗いして血合いや膜を取り除き、水気を丁寧に拭き取る。

◈三枚におろす

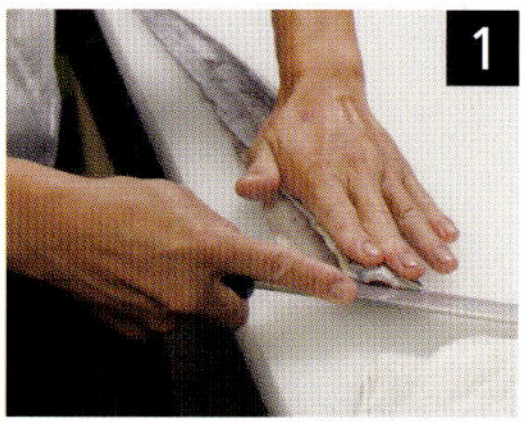

1 頭側から中骨の上に庖丁を入れる。

2 長い尾先は、あらかじめ切り目を入れておき、おろす際の目安にする

3 頭を右、腹を手前にして腹から庖丁を入れ、中骨に沿わせながら尾に向かって腹側を切り離す。

4 そのまま中骨に沿って尾まで一気に身をおろす。腹側の身は離れているので、背側を切り離す。

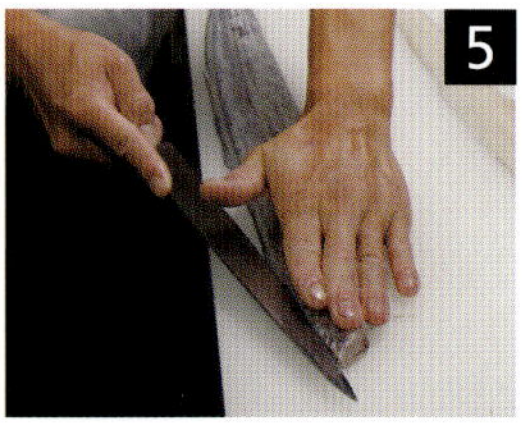

5 続いて上身をおろす。頭を右、背を手前、中骨を下におき、背ビレの上に庖丁を入れる。

6 尾に向かって中骨に沿って庖丁を切りすすめる。

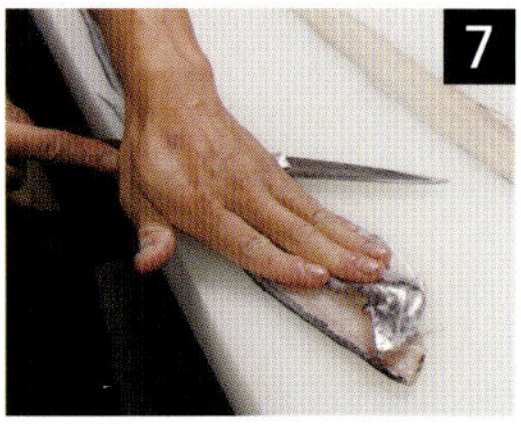

7 頭側から中骨の上に庖丁を入れ、尾に向かって一気に身をおろす。

8 おろし身の腹骨をすき取る。腹骨をすくうようにしてそぎ、端は庖丁を立てて切り離す。

伊勢エビ

◎おろし方のポイント

姿造りにすることが多いので、ヒゲや足が欠けていない姿のよい活けのものを求めます。生きている伊勢エビをおろす時は、動いているものを扱うため、しっかりと身を押さえ、ケガをしないよう注意します。ここでは頭と胴を分けて造る場合のおろし方を紹介します。

◈頭をはずす

左手で頭をしっかり押さえ、頭と胴の間にぐっと庖丁を差し入れる。

胴の上部を切り離したら、左側と右側にも庖丁を回し入れてはずす。

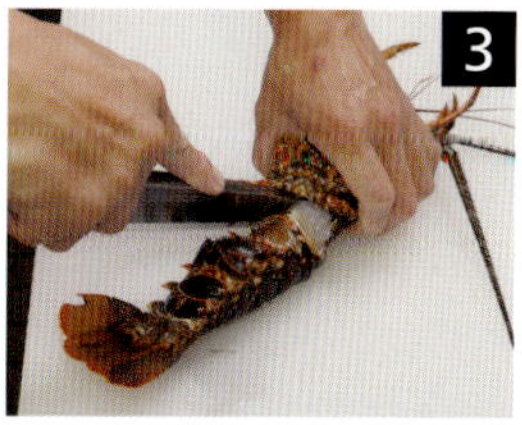

裏に返して頭をしっかり押さえ、頭と腹側の胴の間にも庖丁を回し入れ、胴から頭をはずす。

◈身をはずす

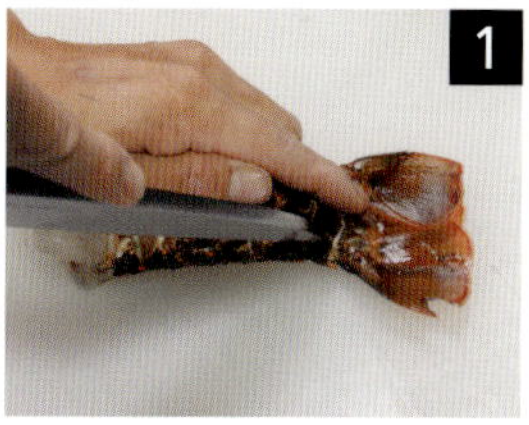

胴を上にしておき、蛇腹の際に庖丁を差し入れ、尾から頭に向かって切り込みを入れる。

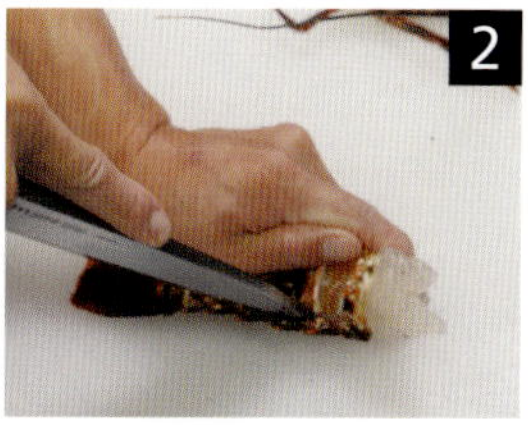

もう一方の蛇腹の端も同様に庖丁を差し入れ、頭から尾に向かって切り込みを入れる。

尾のつけ根に庖丁を入れてから、頭側から尾に向かって蛇腹を手ではがす。

殻と身の間に親指を差し入れ、殻から身をはずす。

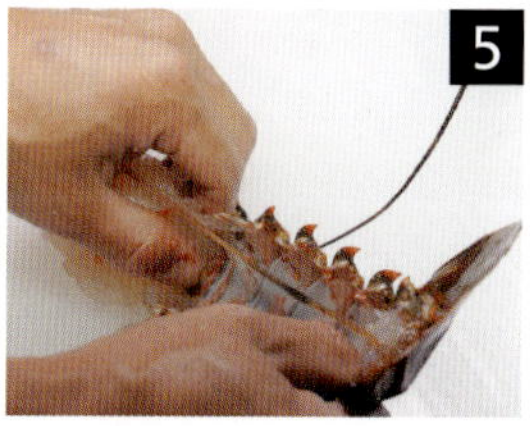

身が切れないよう丁寧にはずしていく。

はずした頭と胴の殻、身。

イカ

◎おろし方のポイント

イカを大別すると、細く透明な軟骨を持つツツイカ類と固い石灰質の甲を持つコウイカ類に分けられます。ツツイカ類に分類されるのは、ケンサキイカやヤリイカ、スルメイカなどで、細長いスマートな形が特徴です。コウイカ類はモンゴウイカに代表され、胴の部分がぼってりと丸い形が特徴で、まず、固い甲をはずしてから身をおろしていくのがポイントです。

《ケンサキイカ》

◈内臓、足をはずす

1

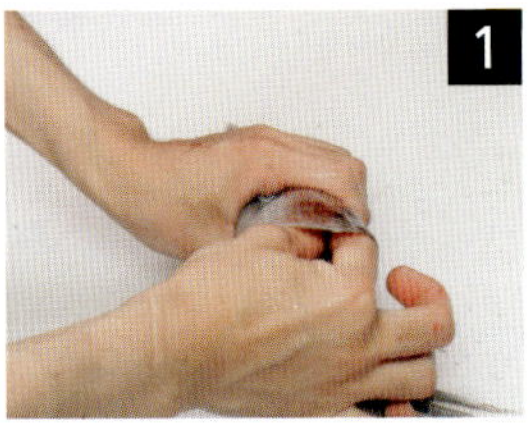

胴の中に親指を差し入れ、胴と内臓がつながっている部分をはずす。

2

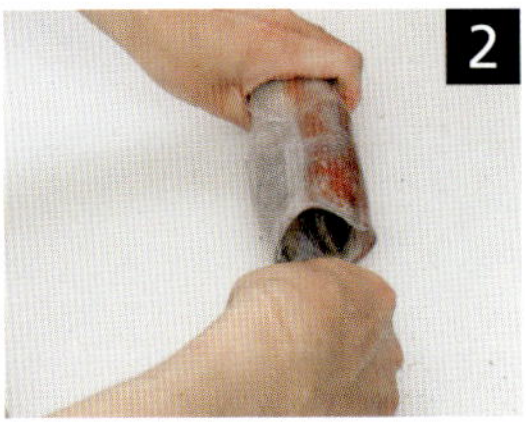

左手で胴を持ち、右手で足を引っぱり、内臓ごと足をはずす。軟骨も取り除く。

3

胴からエンペラをはずす。エンペラのつけ根に親指を差し入れ、エンペラごと外皮をむく。

4

胴の中心に縦に切り込みを入れる。

5

胴の内側に残っているスミや薄膜などを庖丁でこそげ取る。

6

引き抜いた内臓と足からクチバシを取る。クチバシの周りに切り込みを入れ、取り出す。

7

続いて目も取る。目と目の間に縦に切り込みを入れ、目を取り出し、内臓を切り落とす。

8

内臓を切り落とした足は足先を切り揃える。

◈胴を掃除する

1

内側に残っているスミや薄膜をきれいに水洗いする。エンペラや足も水洗いする。

2

水気を拭き取り、エンペラのついていた両端は固いので切り落とす。すその部分も切り整える。

3

内側の薄皮をむく。タオルを使ってこそげ取ると取りやすい。エンペラも同様にして皮をむく。

《コウイカ》

甲、内臓を取る

胴の中心に縦に切り込みを入れる。この下に石灰質の舟型の甲がある。

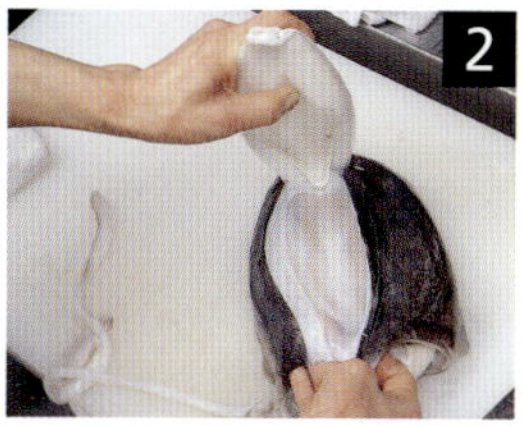

切り目を開き、甲のつけ根に指を差し入れ、胴からはずして取り出す。

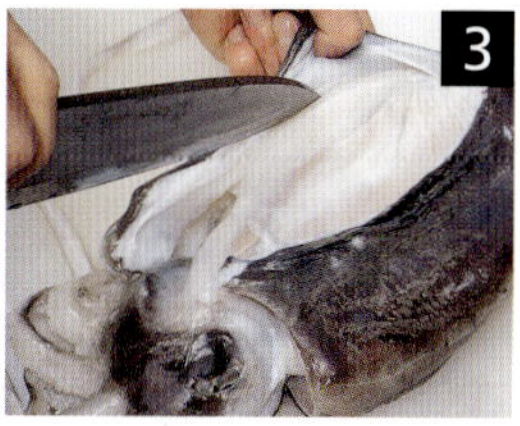

甲のついていた部分の薄い膜を切り離す。

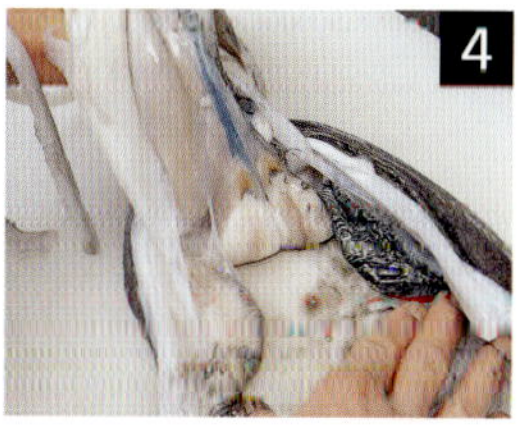

足を引っ張り、内臓を取り出す。胴に残っているスミや膜を水洗いし、水気を拭き取る。

胴を掃除する

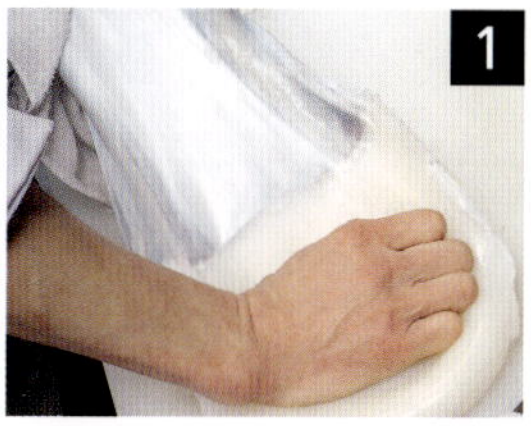

エンペラと胴の間に指を差し入れ、エンペラごと皮を一気にむく。

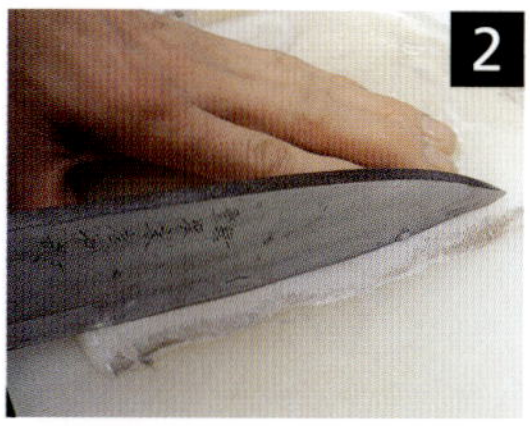

左右の固い部分を切り落とし、スソの端に切り目を入れる。

この切り目から薄皮をむく。むききれない場合はタオルを使ってこそげ取る。

タコ

◎おろし方のポイント

体表にヌメリがあり、このヌメリは生で刺身にする場合も、茹でダコにする場合も臭みの元になります。まずは、ヌメリをしっかり取ること。昔の仕事では糠でもむ方法もありますが、今は塩もみが一般的です。もんでヌメリを出したら、よく水洗いして塩味を残さないようにします。頭の独特な食感も喜ばれるので、きっちり掃除します。

◈ヌメリを取る

ボウルに活けダコを入れ、たっぷりの塩を入れてよくもむ。

足1本1本しっかりともみ込み、泡が立ってくるまでヌメリをしごき出す。

十分ヌメリが出たら、流水で塩とヌメリを洗い流す。

一度では落としきれないので、再度塩をたっぷりふる。

ヌメリをしごき出すように1本1本丁寧にもむ。

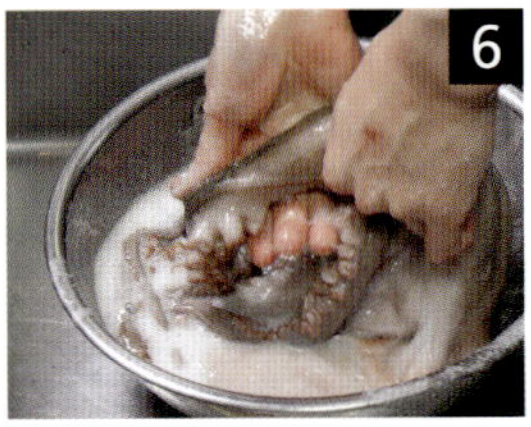

泡が立ってくるまでしごいたら、流水で丁寧に洗う。手で触ってヌメリがなかったら水気を拭く。

◈頭と足をさばく

頭と足を目の下で切り分ける。

最初に足の中心にあるクチバシを指でつまみ、庖丁で切り取る。

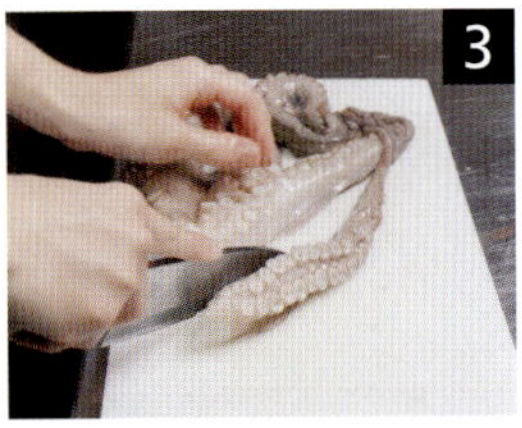

足をつけ根で1本ずつ切り離す。

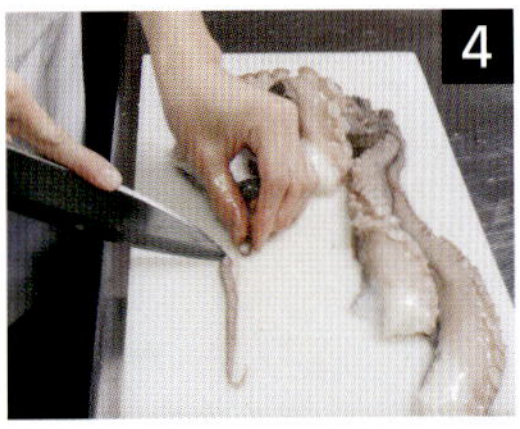

足の先端の細い部分を切り落とす。

吸盤ごと皮をむく

柳刃庖丁を使ってむく。吸盤の際に庖丁を入れる。

足を左側に回すようにしながら、吸盤ごと皮をむいていく。

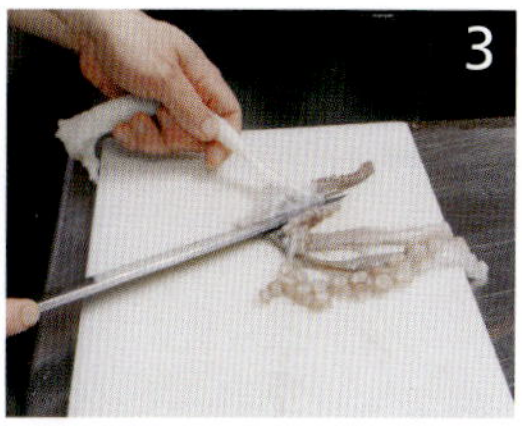

足先までむいたら、身と皮を切り離す。

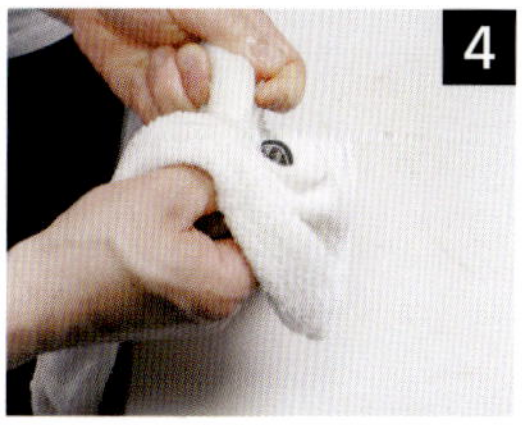

庖丁でむきづらい場合はタオルでむく方法もある。足をしっかり手で持ち、タオルで皮をむき取っていく。

頭の処理をする

頭の真ん中に縦に切り込みを入れる。

頭と内臓をつないでいる薄膜を切り離す。

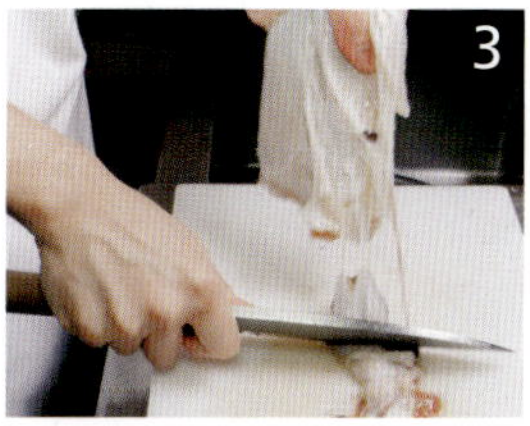

庖丁で内臓を押さえながら、手で頭を引き離し、つながっている部分を切り離す。

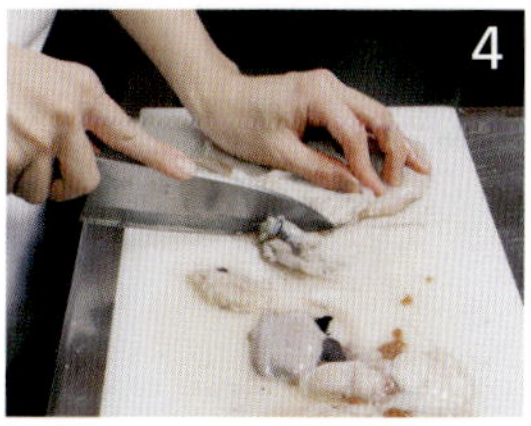

頭の皮をむくため、端に切り込みを入れる。

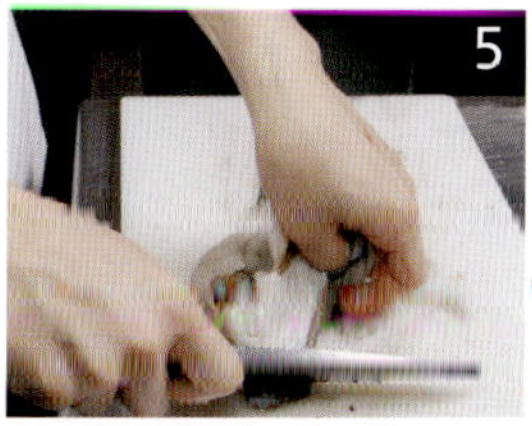

身を庖丁で押さえ、手で皮をむく。掃除した頭は茹でて刺身や和え物などにする。

カキ

◎おろし方のポイント

貝柱がついているのは殻の膨らみが大きい方です。こちらを下にして持ち、上の殻をこじあけてから、身の貝柱を殻からはずします。

タイラ貝

◎おろし方のポイント

大きな貝殻に身もたっぷりとついています。殻はあけやすく、手順さえ覚えれば、簡単におろすことができます。殻についている貝柱のつけ根をはずして殻をあけ、身を傷つけないよう貝むきではずしていきます。刺身には貝柱を使いますが、ヒモもよく掃除してボイルすれば、小鉢としてお出しできます。

◈身をはずす（カキ）

1

殻の膨らんでいる方を下にして持ち、貝むきを口に差し入れ、ひねるようにしてこじあける。

2

口が少し開いてきたら貝むきを差し入れながら、上側の殻を持ち上げてはずす。

3

下側の殻と身の間に貝むきを差し入れ、殻に沿って動かし、貝柱をはずす。

4

身を取り出し、大根おろしで軽くもみ洗いし、流水で洗う。

◈身をはずす（タイラ貝）

1

殻の蝶つがい近くから貝むきを差し入れ、殻に沿って口の方へ動かし、貝柱のつけ根をはずす。

2

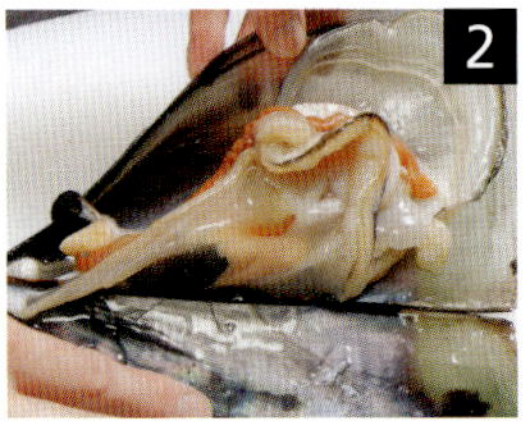

殻を開き、貝柱をはずした側の殻につながっている部分を切り離し、片側の殻をはずす。

3

もう一方も殻と身の間に貝むきを差し入れ、すべらせるように動かし、身をはずす。

◈貝柱を掃除する

1

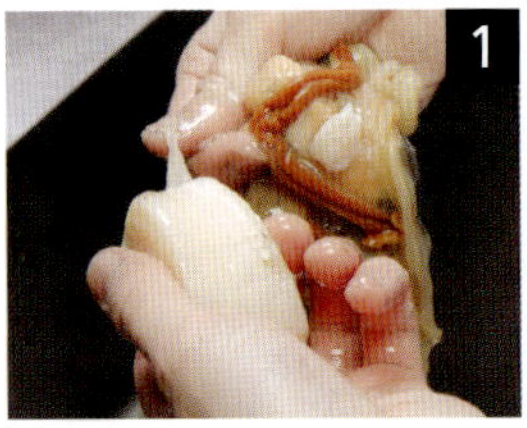

はずした身を水洗いしてから、貝柱とヒモの間に指を入れ、くるりと引っ張ってヒモをはずす。

2

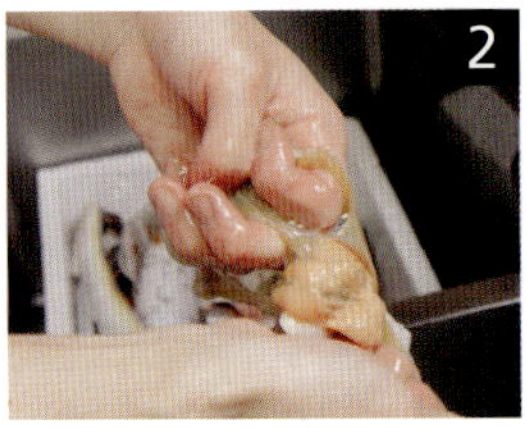

ヒモから内臓をはずす。肝は食べられないが、ヒモ、水管、小柱は利用できるので取り分ける。

3

ヒモは塩でよくもんでヌメリを取り、水洗いしてからボイルする。

ホタテ貝

◎おろし方のポイント

きつく口を閉じていればいるほど新鮮です。口に貝むきをぐっと差し込んで、片側の貝柱のつけ根をはずすと、殻があきます。ヒモやワタも食べられるので丁寧に扱いましょう。ヒモは塩でもんで掃除してから使います。

◈身をはずす

殻の平たい側を下にして持ち、貝むきを口から差し入れて口を少しあけ、下側の貝柱をはずす。

貝むきで下側の殻を押さえながら、上側の殻を開き、片側のからを取りはずす。

上側の殻と身の間に貝むきを差し込み、殻に沿わせて動かし、貝柱をはずし、身を殻から取り出す。

◈ヒモと内臓をはずす

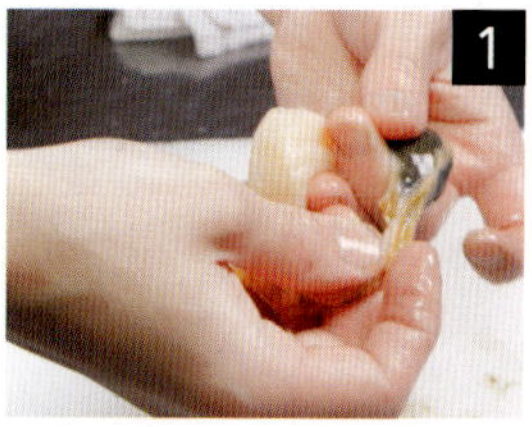

殻からはずした身は、貝柱とヒモの間に指を入れ、貝柱からヒモをはずす。

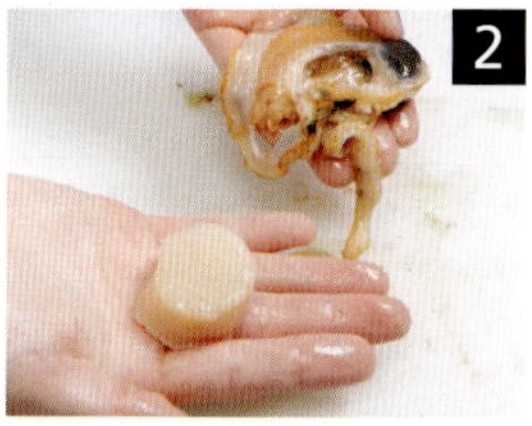

貝柱に残っている薄膜を取り除く。ヒモから内臓と肝をはずす。

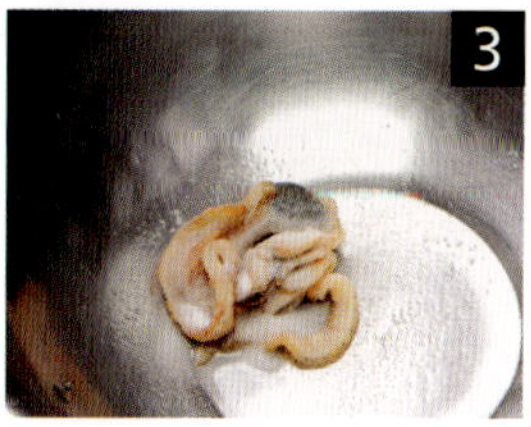

ヒモは塩でよくもんでヌメリを取り、水洗いしてからボイルする。

アカ貝

◎おろし方のポイント

蝶つがいをずらして殻をあけ、貝柱のつけ根をはずして身を取り出すという典型的な二枚貝のおろし方です。アカ貝だけでなく、北寄貝やミル貝など二枚貝はどれも同じ。おろした身は塩でもんでヌメリを取り、切りつけの前にまな板に叩きつければきゅっと身がしまります。ヒモもおいしい貝です。

◈身をはずす

1

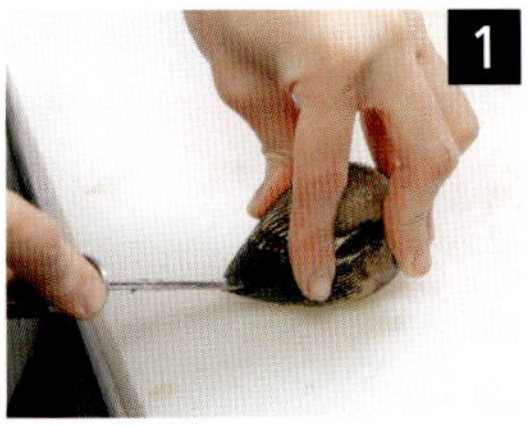

貝の口のすき間から貝むきを差し入れる。

2

貝むきをねじるようにして蝶つがいをずらし、口をこじあける。

3

殻と身の間に貝むきを差し入れ、殻に沿ってすべらせるように動かし、身をはずす。

◈身を掃除する

1

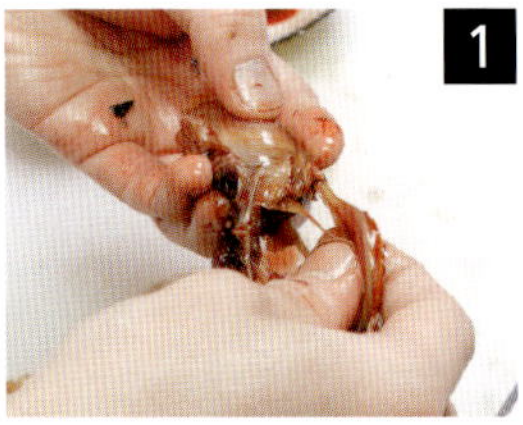

身とヒモの間に指を入れ、身からヒモをはずす。

2

身を横にしておき、ワタのある側から横に庖丁を入れて切り開く。

3

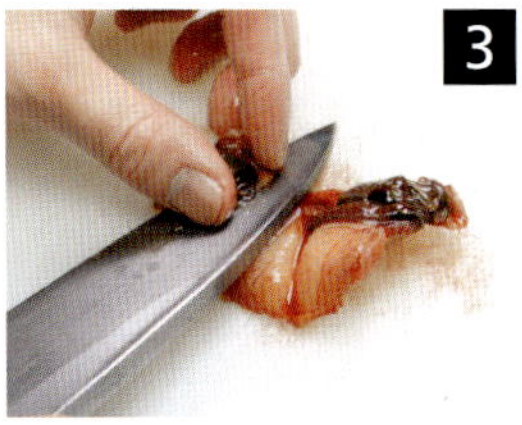

身の両側についているワタを庖丁ですき取る。ヒモは小柱を残し、粘膜などを掃除する。

4

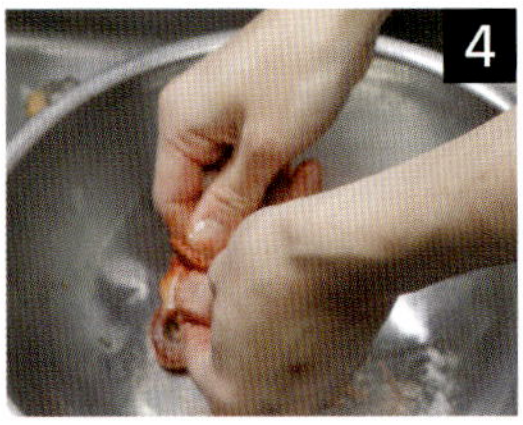

身とヒモに塩をたっぷりふってもみ、ヌメリを取る。

5

水洗いして塩やヌメリを取り除き、水気をよく取る。

ツブ貝

◎おろし方のポイント

貝殻を盛りつけに使う場合は、殻の一部に目打ちやキリなどで穴をあけ、そこから殻と身をぐるりとはずし、身を取り出します。少し厄介ですが、これも慣れれば手際よくできるようになります。身についている唾液腺には中毒性のある毒があるため、これを必ず取り除きます。

◎殻から取り出す

1

巻貝のあいている口のそばに目打ちを打ち込み、穴をあける。

2

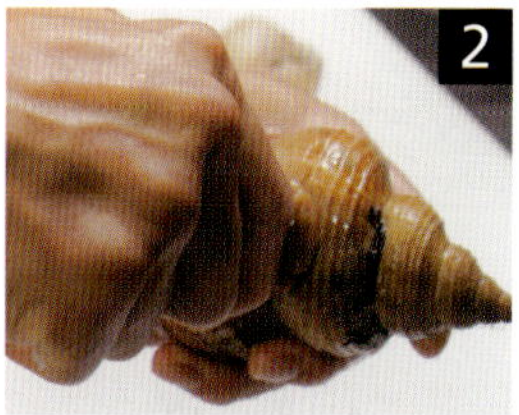

この穴から殻の内側の身をはずす。殻を手で持ち、目打ちをグリグリと左右に動かす。

3

殻から身がはずれたら、口から身をぐるりと回しながら取り出す。

4

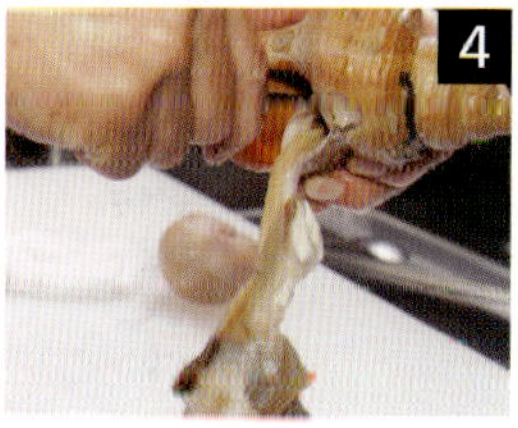

できるだけ途中で肝が切れないよう注意。

◎身をさばく

1

身と肝に切り分ける。

2

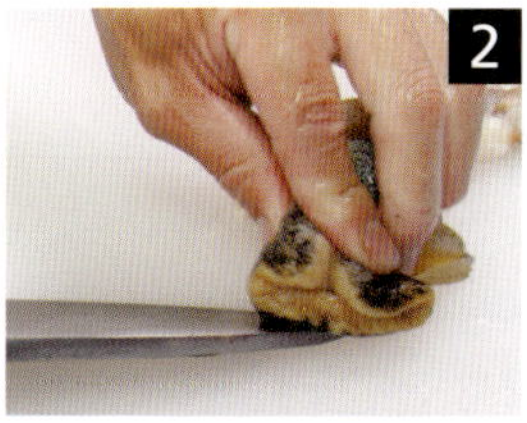

身からフタを切り取る。

3

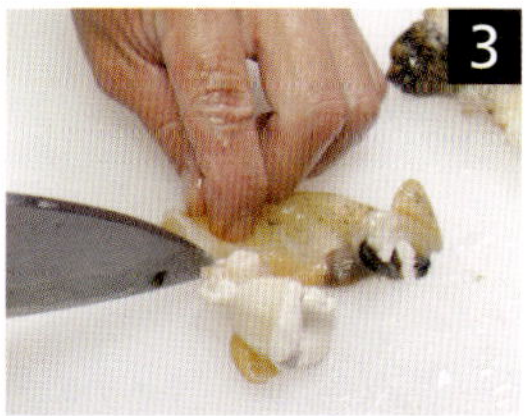

身と肝を掃除する。身は内臓と唾液腺を取り除く。

4

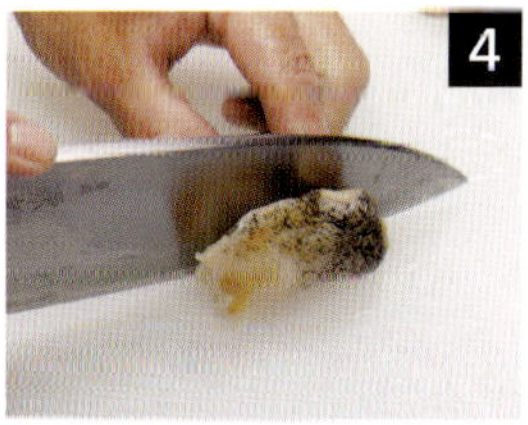

身を開き、残っている唾液腺がないか確認。塩でもんで水洗いして水気を取って刺身にする。

刺身の切りつけ方

魚貝の持つ身の性質や厚みなどにより、刺身の切りつけ方は変わってきます。ここでは魚貝の持ち味を引き出す基本的な切りつけ方や飾り切り、細工の方法を紹介します。なめらかで角の立った切り口になるよう、よく手入れをした切れ味のよい庖丁を使い、無駄を排したリズミカルな動きがポイントです。

引き造り

マグロやカツオ、ブリなど、身があまりかたくなく、ある程度厚みのあるサクに取れる魚に向く切りつけ方。身に対して庖丁は垂直に入れ、刃渡りいっぱいを使い、刃先まで引いたらそのまま右に送っていきます。

《カツオ》

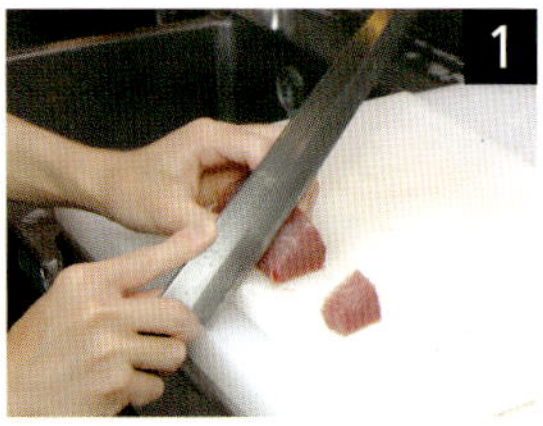

身の厚い方を向こうにおき、刃元をまな板の角にあてて切っ先を上げる。

身に対して垂直に刃元から切り込み、刃先を下げながら引いて身を切る。

刃先まで一気に引き切り、庖丁ごと身を右に送り、切っ先を上げて次へ。

庖丁の刃全体を使って引き切ることで、角が立ち、なめらかな断面が生まれる。厚みは揃えること。

《キンメダイ》

皮付きの身は皮目を上にしておく。切っ先を上げて垂直に切り込む。

刃先まで引き切ったら右に送る。湯霜などした場合は身割れしないよう注意。

皮霜造りの引き造り。角を立たせることで皮目がより美しく見える。身のしまったものはやや薄めにする。

角造り

マグロやカツオなど身のやわらかい魚に向く切りつけ方。棒状にサク取りしてから、身の厚みと同じ程度の幅で切りつけます。重ね盛りにしたり、海苔で巻いたりと、変化もつけやすく、十分にサクに取れない端身を使うこともできます。

《マグロ》

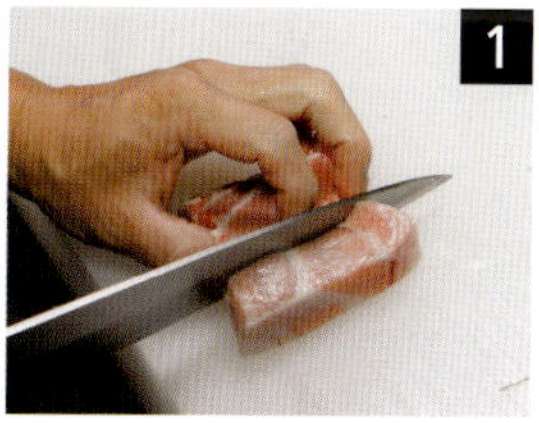

1 サク取りした身をさらに棒状に切る。食べやすい大きさを想定した幅にする。

2 引き造りの要領で、サクの幅と同じくらいの幅の角状に引き切る。

重ね盛りにし、前盛りに使うことも多い。マグロでは湯引きして切り、中の赤を鮮やかに見せる手法もある。

拍子木造り

サク取りした身を長角に切りつけます。角造り同様、重ね盛りにしたり、大根や人参など桂むきで巻物にしたりと細工にも多用する切り方です。赤身や白身など、彩りよく組み合わせればより価値が高まります。

《マグロ》

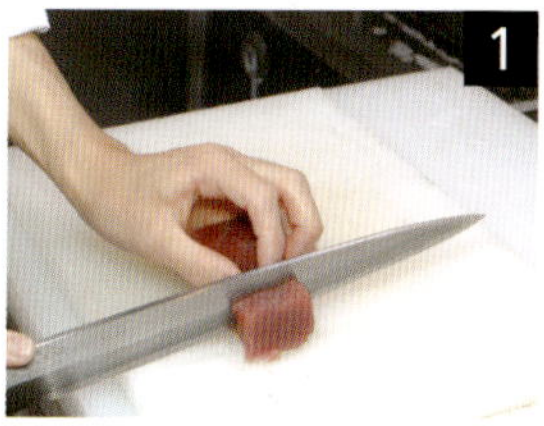

1 できるだけ厚みの整ったサクを用意し、引き切りにして長角に切る。

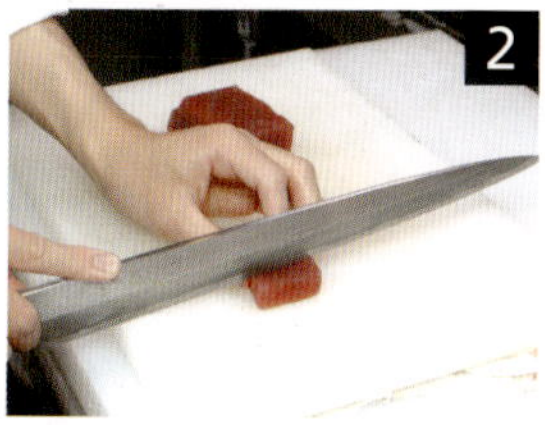

2 さらに厚みと同じくらいの幅で引き切りにしていく。

3 切りつけ方は引き造りと同じ。引き切ったら庖丁ごと右に送る。

長さ4～5センチ程度、厚みは1センチ程度くらいの大きさが目安。巻き物の芯にする使い方もある。

銀皮造り

カツオやタチウオなど銀皮の美しい魚を、皮をつけたまま刺身にする手法です。皮目を美しく見せるには引き造りが向きますが、皮がやや気になるため、皮に筋目を入れてから切りつけます。八重造りにしてもよいでしょう。

八重造り

一度身の厚みの半分程度まで切り込んでから、次の庖丁で引き切る手法。カツオの銀皮造りや〆サバ、カンパチなど銀皮を活かして厚く切りつける場合にも、間に庖丁が入っているので食べやすくなります。

《カツオ》

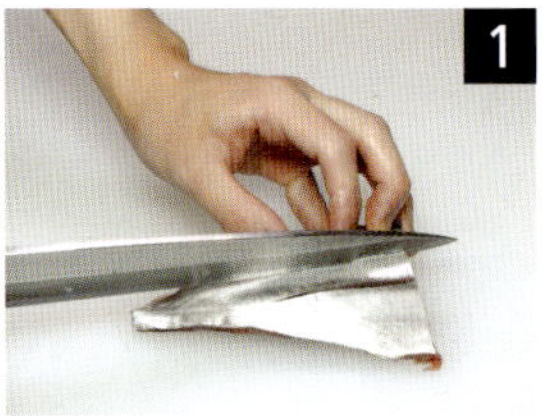

サク取りした身に対して縦に2～3本、皮目に切り目を入れる。

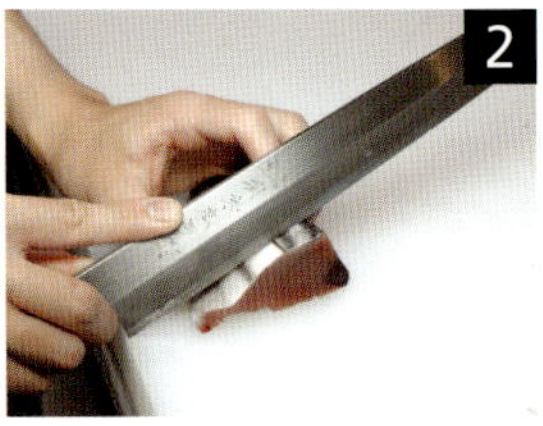

引き造りの要領で、刃元をまな板にあて切っ先を持ち上げて切り込む。

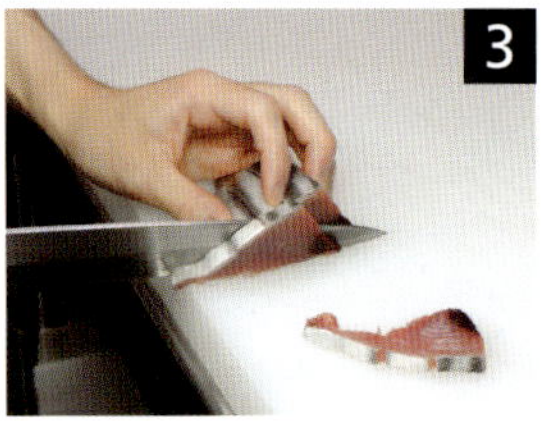

切っ先を下げながら手前まで一気に引き切り、庖丁ごと右に送る。

銀皮の美しさを活かした切りつけ。皮目に切り目を入れておくことで、皮の部分も噛み切りやすくなる。

《サバ酢〆》

造り身の幅の半分程度のところに庖丁を入れ、引き切らずに途中で止める。

切っ先を上げ、次の庖丁で引き切る。引き切ったら右に送り、次へ移る。

酢〆のサバやカツオのたたきなど、造り身を厚くしたい場合に有効。切り目が入ることで醤油づきもよい。

そぎ造り

身のしまった白身魚に向く切りつけ方。サク取りした身の左側から斜めに庖丁を寝かせて入れ、左手を切りつける身に添えながら、刃渡り全体を使って引き切ります。切り離した身はそのまま左手でつまみ、重ねておきます。

《タイ》

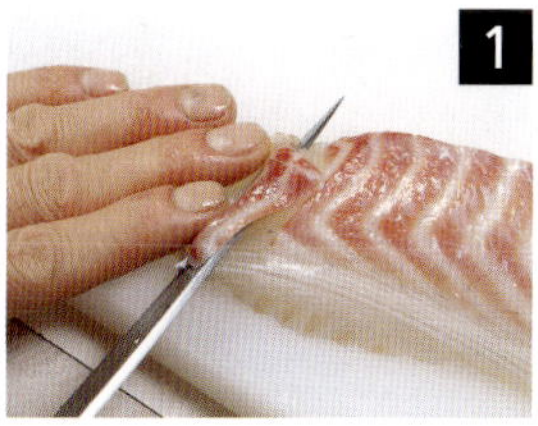

サクの頭側を左にしておき、左手を添え、庖丁を寝かせて斜めに入れる。

切っ先まで手前に引き切ったら、切りつけた身をつまんで左側に重ねる。

身の厚みは庖丁の角度によって変わる。魚の大小や状態によって薄くしたいときは寝かせる角度を深くする。

薄造り

ヒラメやフグ、スズキなど歯応えのある白身魚をより繊細に見せる切りつけ方。そぎ造り同様、サクの身の左側から庖丁を寝かせて入れ、皿が透き通って見えるほど薄く切りつけます。庖丁はそぎ造りよりも深く寝かせます。

《ヒラメ》

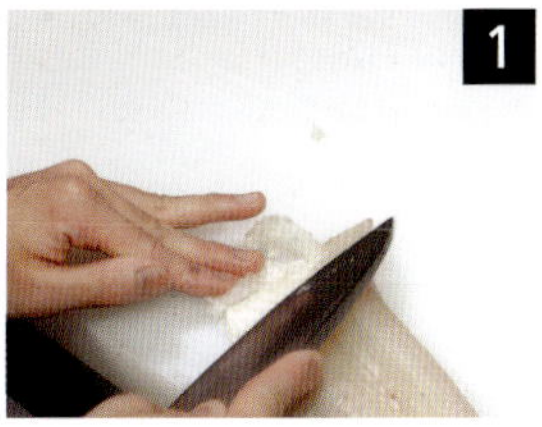

そぎ造りの要領で、左手を身に添えながら、庖丁を深く寝かせて入れる。

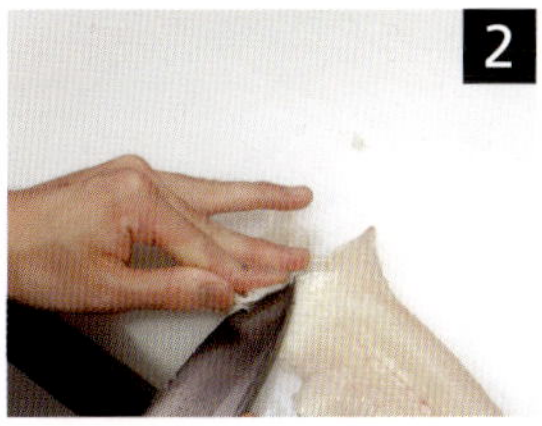

左手で身の厚みを計りながら、刃元から切っ先まで引き切る。

引き切ったら、切りつけた身を左手でつまみ、器に盛っていく。

そぎ造りよりも薄く、器の模様が透けて見える程度の薄さに切り、切りつけごとに器に盛っていく。

細造り

繊維の強いイカやサヨリやアジなど身の薄い魚に向く手法。細く切ることで噛み切りやすくなり、サクに取れない半端な身にも活用できます。モンゴウイカなど身の厚いものはへいでから細造りにします。

《コウイカ》

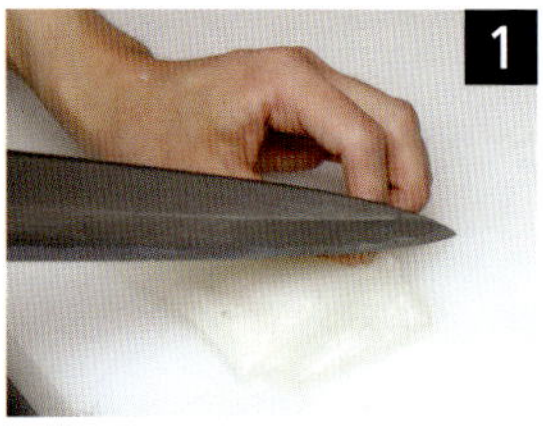

1 サク取りした身を繊維が横になるようにおき、庖丁の切っ先を入れる。

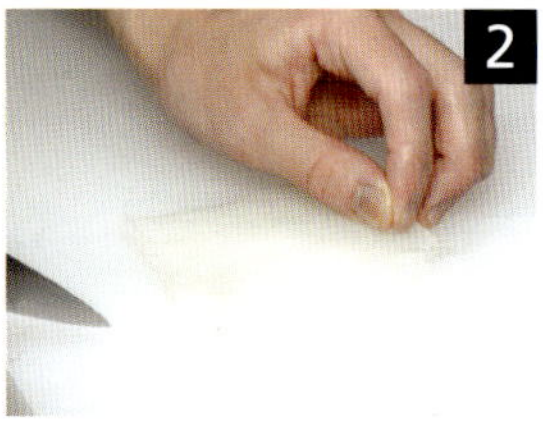

2 切っ先でそのまま引き切る。この動作をリズムよくつなげていく。

切りつけた身は箸で横に取り、その形を崩さずに盛りつけるときれいに決まる。糸造りはさらに細く切る。

鹿の子造り

身の表面に、格子状に細かく庖丁目を入れていく飾り庖丁。身のしっかりとしたイカや赤貝、アワビなど歯応えの強い魚貝、サバやアジなど醤油をはじきやすい脂ののった魚に合う手法です。

《サバ酢〆》

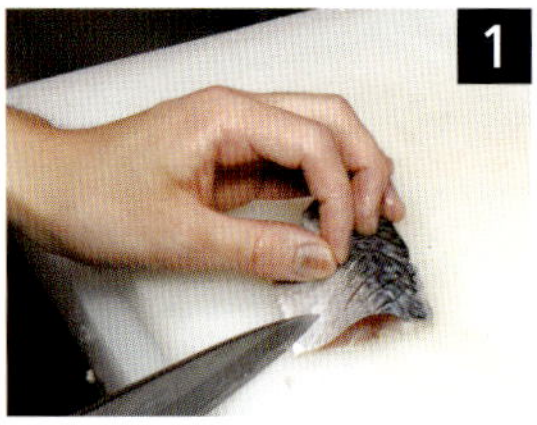

1 皮目を上にしてまな板におき、斜めに等間隔で切り目を入れていく。

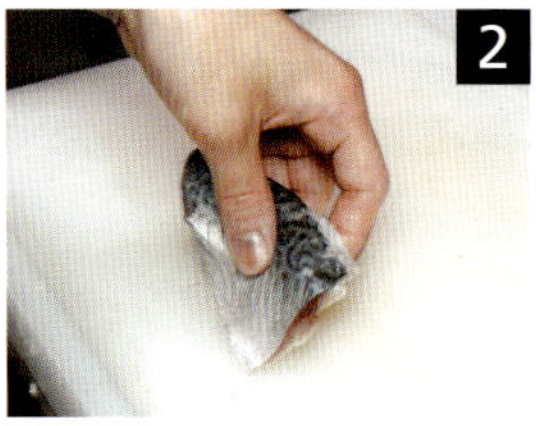

2 切り目に対して垂直に切り目を入れやすいよう、身の向きを変える。

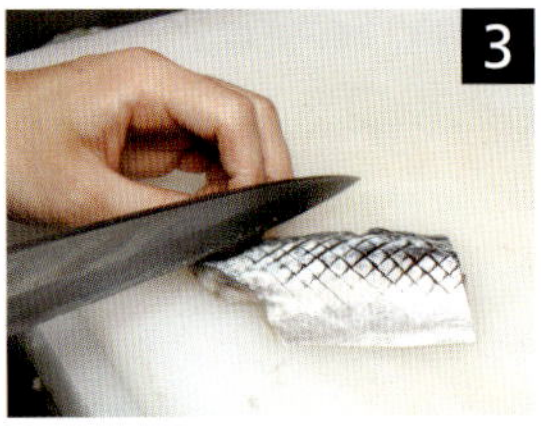

3 1と同様に等間隔で切り目を入れ、切り目が格子状になるようにする。

4 切り目を入れたら、身を戻し、引き造りの要領で引き切りにする。

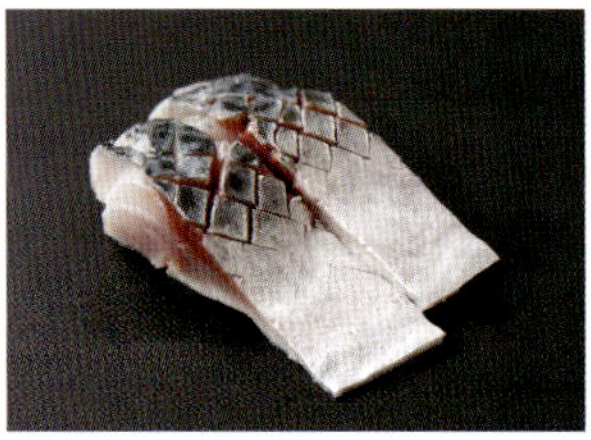

飾り庖丁として切り目を美しく見せるため、やや厚みを持たせた幅で切りつけている。

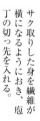

波造り

庖丁の角度を小刻みに変えながらそぎ切りにし、身の表面をさざ波のように作ります。特につるりとした茹でタコに欠かせない切り方で、引っ掛かりができることで醤油のつきもよくなります。

蛇腹造り

歯応えのある生のタコを食べやすくする切り方で、皮をむいた足に端を切り離さずに細かく切り込みを入れていき、ひと口大のところで切り落とします。こうすると醤油などしっかりと味がのり、噛み切りやすさも増します。

《マダコ》（波造り）

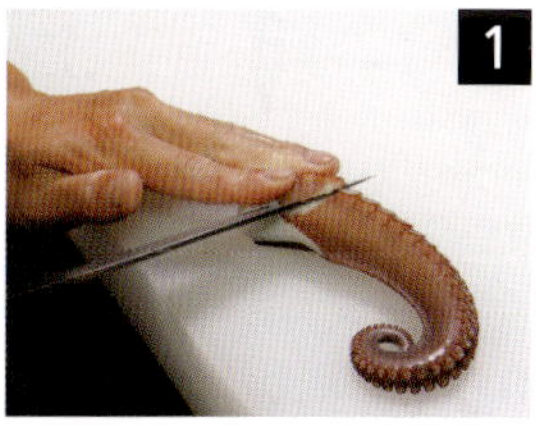

1 そぎ造りの要領で、左手を添えながら庖丁の切っ先を寝かせて入れる。

2 庖丁の角度を寝かせたり起こしたり小刻みに繰り返しながら引いていく。

3 引き切ったら左手で切りつけた身をつまみ、左側に重ねる。

角度を小刻みに変えながら庖丁を引くことで、ギザギザとした波のような模様の切り口が生まれる。

《マダコ》（蛇腹造り）

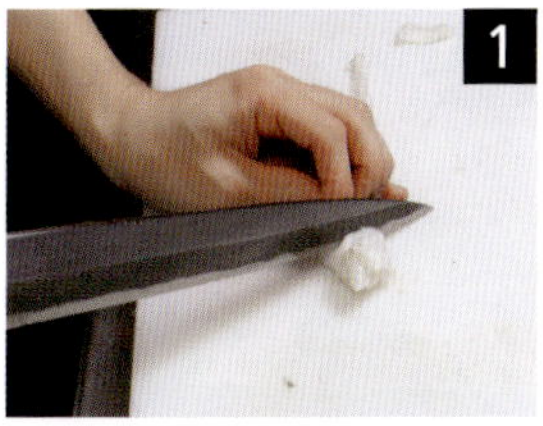

1 皮をむいた足に端から深く切り込みを入れていく。底面は切り離さない。

2 ひと口大の大きさのところまで入れたら切り落とす。これを繰り返していく。

3 蛇腹造りにした身はザルにのせ、熱湯に落として湯ぶりする。

4 切り込みがぱっと開いてきたら氷水に取り、冷まして水気を切る。

花造り

そぎ造りにした身を少しずつ重ね、花びらのように開いて作ります。マグロやサーモン、白身魚、イカなど様々な魚種で作ることができ、盛り込みに盛り込めば華やかさを演出することができます。

《ヒラメ》

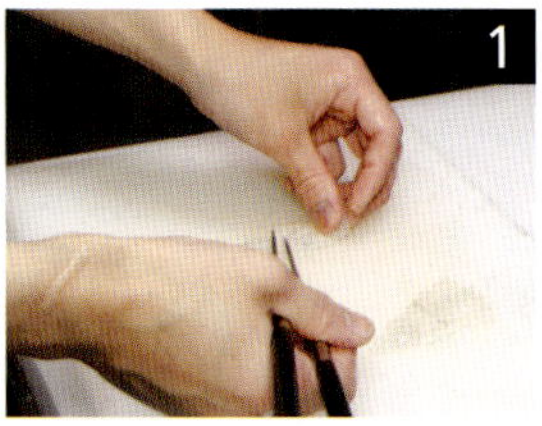

皮目を下にしてそぎ造りにし、身を少しずつずらしながら縦に重ねていく。

重ねた身を手前から左手と箸を使ってくるくると巻いていく。

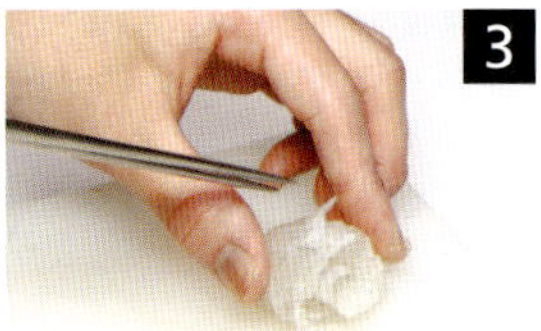

巻き終えたら、箸を使って花びらのように広げ、形を整える。

《マグロ》

薄いそぎ造りにし、切りつけた身をつまんで左側に縦に重ねていく。

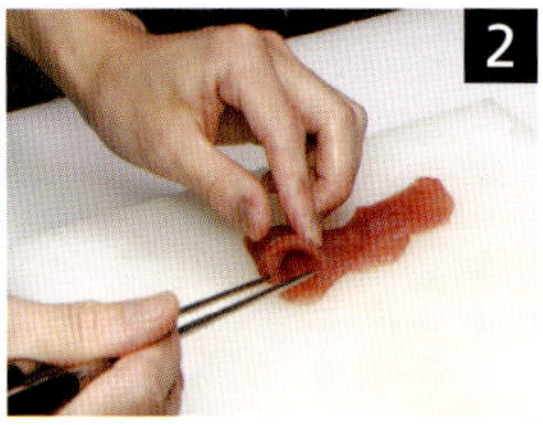

4～5枚重ねたら、左手と箸を使い、手前からくるくると巻く。

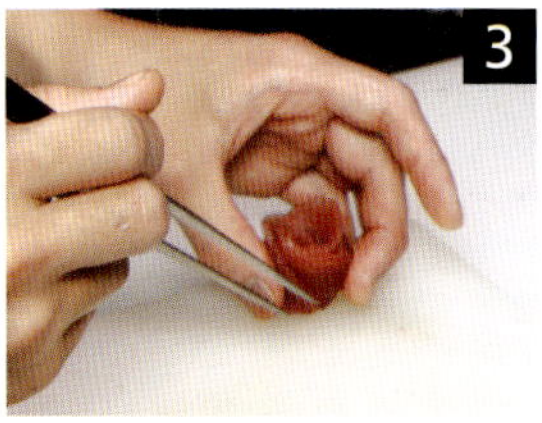

左側を下にして立て、上側を花びらのように広げ、形を整える。

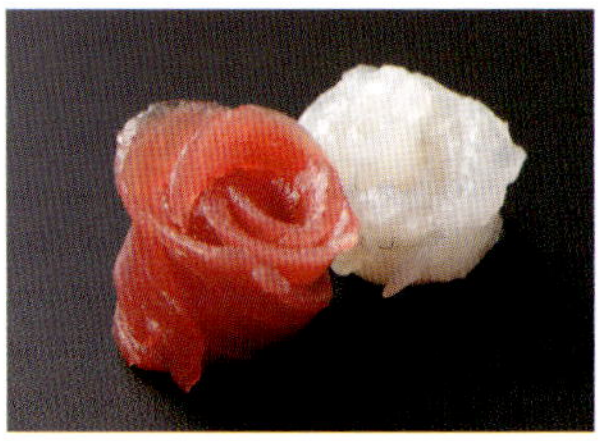

花のようなお造りは見た目にも華やか。身を開きすぎずに引き締まった形に整えると鮮度感も際立つ。

博多造り

2種類以上の材料を交互に重ね、博多帯のように作った細工造り。風味を高めるため、間に大葉や海苔、レモンなど、魚貝と相性のよい香りのものを挟むことが多い。マグロやイカを組み合わせるなど魚貝を重ねてもよい。

射込み造り

マグロやイカなど身に厚みのある魚貝に胡瓜や大根、グリーンアスパラガスなど歯切れのよい野菜を射込み、食べ味や食感に変化をつける細工です。サク取りした身の厚みの中心に切り込みを入れ、好みの厚みに切ります。

《コウイカ》

1 おろし身を4～5センチ幅のサクに取る。

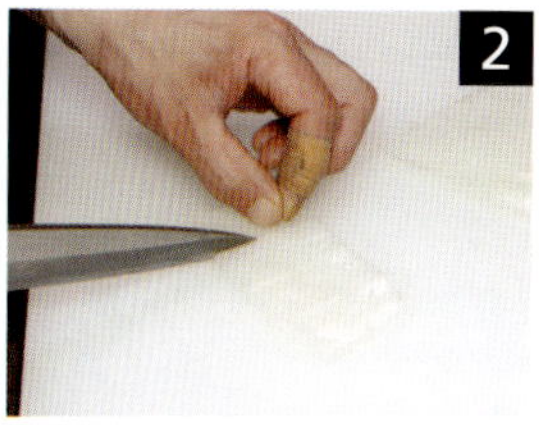

2 サク取りした身を横におき、表面に細かく隠し庖丁を入れ、短冊に切る。

3 短冊に切った身と同じ大きさに切ったはす芋を重ね、さらに身を重ねる。

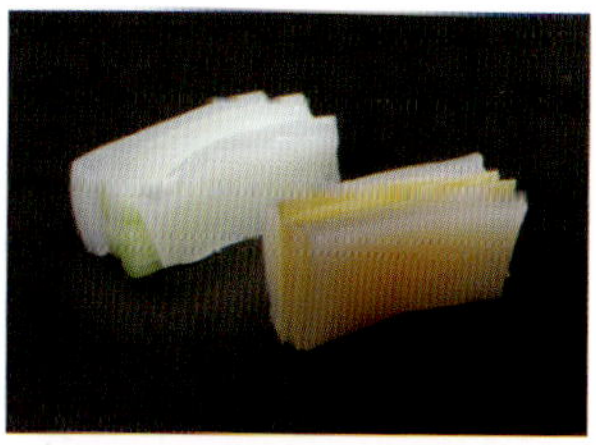

イカの身に映える色合いのはす芋と薄焼き玉子で作った博多造り。いろいろな魚貝で応用できる。

《マグロ》

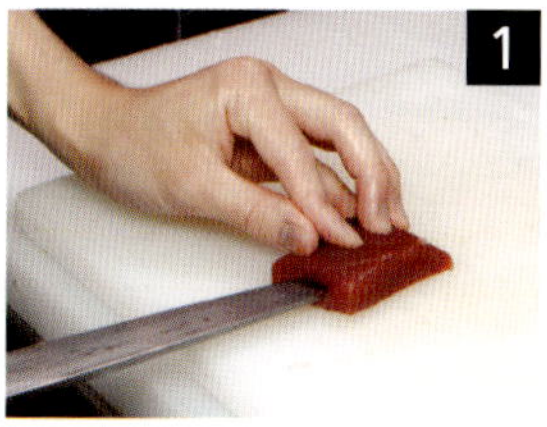

1 4～5センチ幅のサクに取った身の厚みの中心に、庖丁を差し入れる。

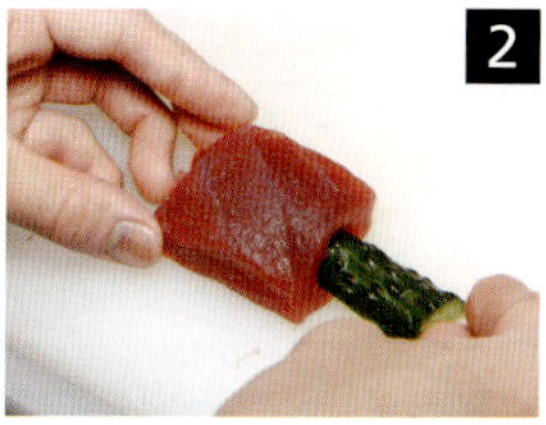

2 袋状にした部分に室胡瓜やグリーンアスパラガスを入れ込む。

3 引き造りの要領で、食べよい厚みに切る。

マグロの赤に緑の切り口も鮮やかな造り。イカを使う場合は隠し庖丁を入れて食べやすくする。

鳴門造り・わらび造り

細工のしやすいイカで作ることが多い変わり造り。サク取りした身の幅に合わせ、海苔や大葉をのせ、端からくるくると巻き込み、食べやすい形に切る。最後まで巻かずに身を残したものがわらび造りになる。

《コウイカ》

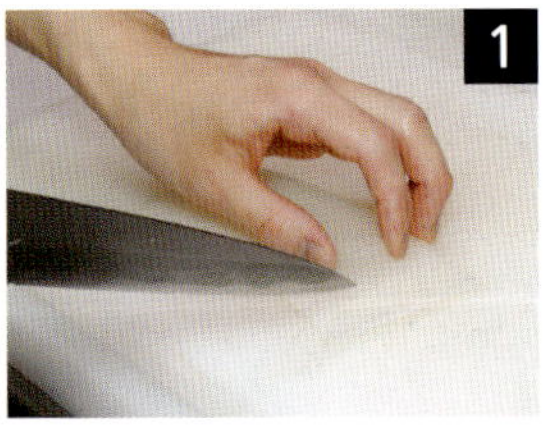

サク取りした身を横におき、表面に細かく隠し庖丁を入れる。

庖丁目を入れた面を下にして大葉を重ね、グリーンアスパラガスをのせる。

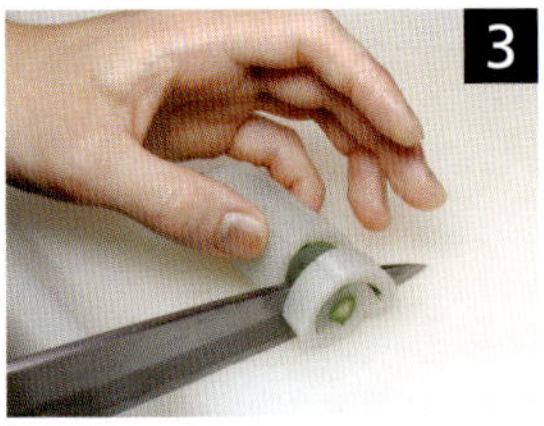

手前からくるくると渦巻き状に巻き、食べよい厚みに切り分ける。

鳴門海峡の渦のように巻くことからこの名がある。サヨリでは片身を巻き、厚みを半分に切る。

《わらび造り・コウイカ》

3の工程で巻き込む身を残すと、わらびの形を模した細工造りになる。

木の葉造り・藤造り

イカやサヨリを使い、木の葉や藤の花に見立てた細工造り。短冊に切った造り身を重ね、少しずつずらして半分に切り、切り口を上に立てるとこの形になります。風情あるお造りとして覚えておくと重宝します。

《イカ》

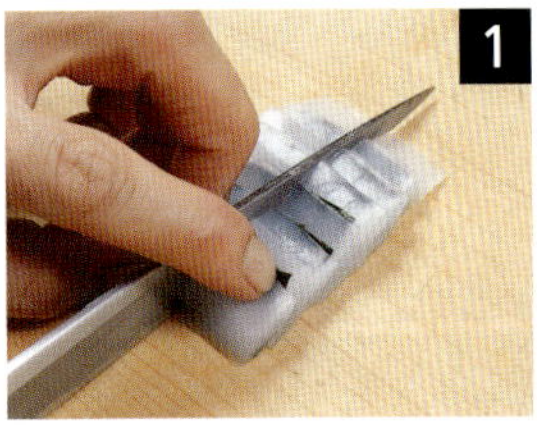

イカと海苔を短冊に切り、少しずつずらしながら交互に重ね、半分で切る。

半分に切った切り口を両側に開いて立てる。これを寄せて形を整える。

イカとサヨリの木の葉造り。これを上下逆にすると藤造りになる。サヨリも同様に短冊に切って重ね、中心で半分に切り、切り口を立てて作る。

魚貝のおいしさを引き出す仕立て方

魚貝にひと手を加えることで、生とは違った魚貝の持ち味を引き出すことができます。皮目が美しくおいしい魚は皮目にさっと火を通す皮霜造りや焼き霜造りに、小骨の多いハモは湯に落とすなど、魚貝の特質に合わせた仕立て方を紹介します。

焼き霜造りの手法

カツオのたたきに代表されるように、皮目を焼くことで香ばしさが加わり、余分な臭みが取れ、まったくの生とは違ったおいしさを生む手法です。カツオのほか、タイやアイナメ、スズキ、サワラ、タチウオなど様々な魚種に応用できます。火を通しすぎて身の食感を損なわないよう注意し、手早く氷水に取って冷ましてから切りつけます。

《カツオ》

皮と身の間に末広状に金串を打ち、バーナーで炙り、焼き目をつける。

串を打つのは皮目が縮まないようにするため。しっかり焼き色をつける。

身も軽く炙る。炙る前に甘みを引き出すため、両面に塩をふってもよい。

両面に焼き目をつけたら氷水に取って冷まし、水気を取って切りつける。

《アマダイ》

皮目を上にして焼き網などにのせ、表面を炙る。

皮目全体に焼き目がついたら氷水に取り、水気を取って切りつけていく。

皮霜造りの手法

魚は皮目近くに旨みがあります。タイやキンメダイ、スズキは皮目も美しく、この皮目を活かして刺身にする手法が皮霜造りです。皮目に湯をまんべんなくかけることで皮がやわらかくなり、生臭みも抜けます。火を通しすぎないよう。皮がはぜてきたら氷水に取り、しっかりと水気を拭いてから切りつけます。

湯引き、洗いの手法

小骨の多いハモは骨切りした身を湯に通し、火を入れることでふんわりとした身のやわらかさを楽しませます。この湯に落とす手法を「湯引き」とも「落とし」ともいいます。余分な脂が抜けるので、魚貝をさっぱりさせたいときにも向く手法です。湯ではなく、氷水や冷茶にくぐらせる「洗い」や「茶ぶり」にも同様の効果があります。

《キンメダイ》

皮付きの身を皮目を上にして網にのせ、クッキングペーパーをかぶせ、熱湯を回しかける。

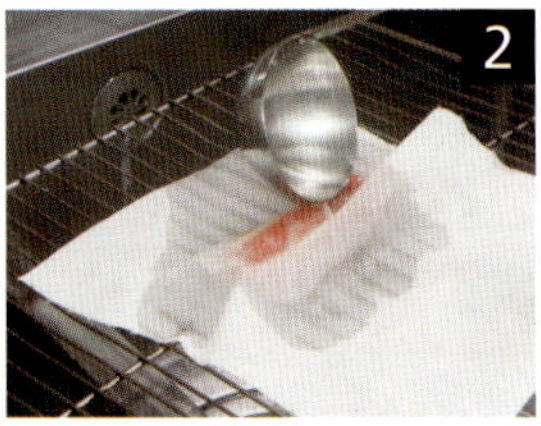

皮目全体に熱湯がゆきわたるようにかけ、皮目が反ってきたら氷水に取る。

冷めたら取り出し、水気を丁寧に拭いてから切りつける。

《ハモ湯引き》

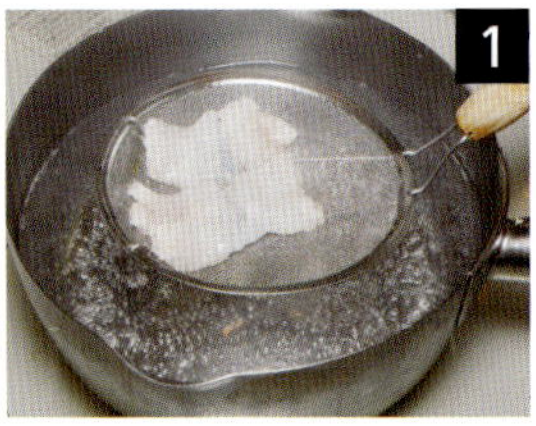

骨切りしたハモを玉酒を入れた熱湯に落とす。玉酒は酒を水で割ったもの。

切り目が開いてきたら取り出す。ザルにのせた状態で湯に落とすと取り出しやすい。

すぐに氷水に取り、冷めたら水気を丁寧に取る。

《タイ茶ぶり》

氷を入れた緑茶にそぎ造りの身を一枚ずつ入れ、洗いにする。身がちりっとしてきたら引き上げ、水気を丁寧に取る。玉酒を入れた氷水で洗いにしてもよい。

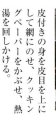

酢〆の手法

サバやサンマ、アジ、イワシなどややクセのある青魚は、酢〆にすると余分な水分や臭みが抜け、さっぱりとしたおいしさが生まれます。魚の大きさや身の脂ののり具合、気温などによって、塩〆の時間、酢〆の時間は変わります。塩を十分に身に回すことで、生臭みも抜けるため、脂ののった魚や気温の低い時期にはやや長めにするなど加減してください。

《サバ》

塩をたっぷりと敷いた上に皮目を下にしてのせ、身にも強めに塩をする。

3時間ほどおき、塩を全体に回す。夏は塩が回りやすく、短めにする。

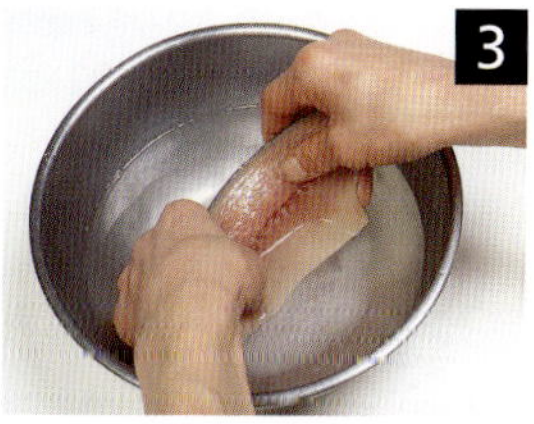

水洗いして塩をしっかり落とし、水気を取る。

バットに酢を入れて身をひたし、ペーパータオルで覆って30分ほど〆める。

酢から引き上げ、水気をしっかり取り、少し寝かせて酢を落ち着かせる。

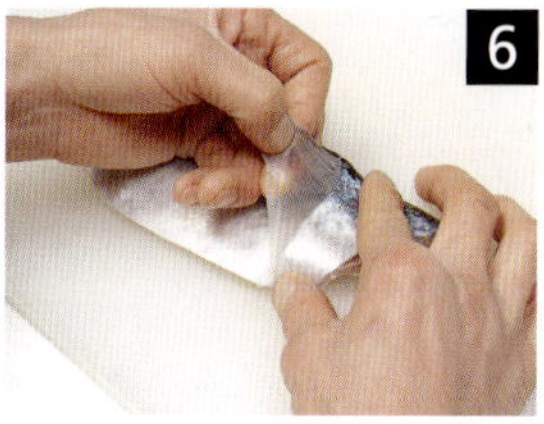

刺身にする前に皮を引き、切りつける。

刺身のあしらい

刺身の料理では魚貝の生臭みを消し、食感や味わいに変化をつけるあしらいが欠かせません。

新種の野菜やハーブなどをけんやつまに使えば、新感覚の刺身としても喜ばれます。

1 ── 蛇腹胡瓜
2 ── 酢取り茗荷
3 ── ブロッコリー
4 ── 大根おろし
5 ── 青ねぎ
6 ── 黄ニラ
7 ── はす芋
8 ── 紅白なます
9 ── 紅葉おろし
10 ── 松葉胡瓜
11 ── より人参
12 ── より胡瓜
13 ── より紅芯大根
14 ── 水玉胡瓜・水玉人参・水玉大根
15 ── 蛇籠胡瓜・蛇籠人参
16 ── カラフルトマト
17 ── 黄身酢ゼリー
18 ── 酢味噌ゼリー
19 ── むきくるみ
20 ── 刺身こんにゃく（青海苔）
21 ── ちりめん山椒
22 ── いちょう丸十・いちょう南京
23 ── 湯葉こんにゃく
24 ── ガーリックチップ
25 ── すだち
26 ── 生とろ湯葉
27 ── 唐草大根

けん

歯切れのよい野菜を使い、せん切りにして刺身の盛り付けの土台にします。大根のけんがポピュラーですが、胡瓜や南瓜、紅芯大根など、彩りのよい野菜や海藻をたっぷり使えば、ヘルシー感もアピールできます。水にさらしてシャキッとした歯応えを活かし、水っぽくならないようしっかり水気を切り、器にこんもりと盛ります。

つま

刺身の料理に香りや華やかさを添えるのに欠かせません。大葉や花穂じそや紫芽、紅たでなど殺菌効果のあるもののほか、すだちやかぼす、レモンなどの酸味など〝つま〟といえども、刺身の味を作る上で重要な役割を持ちます。桜や紅葉、いちょう、蝶などちょっとした飾り切りを施せば、季節感も演出できます。

薬味（辛み）

魚貝の生臭みを消すだけでなく、殺菌効果や消化を助ける効果のあるわさびや生姜、大根おろしを刺身に添えるのは理にかなったこと。刺身には欠かせないあしらいがこうした薬味になります。それぞれの風味を活かすためには、おろしたてを使い、青魚には生姜など、魚貝の性質に合わせて添えます。

貝割れ菜
人参のけん
スーパースプラウト
わさび
黄パプリカのけん
ブロッコリースプラウト
紅たで
若芽
茗荷のけん
赤パプリカのけん

浜防風
花穂じそ
食用花
桜人参・梅大根
ベルローズ
金魚草
ピーマンの花
菊花
ラディッシュ
もみじ紅芯・木の葉胡瓜
茄子の花
チャービル

レタスのけん
紫玉ねぎのけん
大根のけん
紅芯大根のけん
胡瓜のけん
ラディッシュのけん
南瓜のけん
キャベツのけん

刺身のつけ醤油

刺身のつけ醤油には生醤油よりもひと手を加えて、魚貝の持ち味に合った食べ味を工夫すると、刺身の多彩なおいしさを楽しめます。

基本のつけ醤油

刺身醤油や土佐酢、ポン酢醤油など、基本のつけ醤油を紹介します。いずれも昆布とカツオ節の旨みを加えたまろやかな味が特徴。わさびや生姜、大根おろしなど薬味もなじみます。

土佐酢

三杯酢にカツオ節の風味を加えたもの。酸味がまろやかな合わせ酢で、土佐酢をベースに黄身酢やハーブやマヨネーズを加えてドレッシングに仕立てることもできます。

◆ 材料（割合）
酢…4
だし…4
淡口醤油…1
みりん…1
カツオ節…適量

◆ 作り方
調味料とだしを合わせて火にかけ、沸いたらカツオ節を加えて火を止め、冷ましてから漉す。

刺身醤油（土佐醤油）

醤油に昆布とカツオ節、少しの甘みを加える、まろやかで旨みのあるつけ醤油。どんな魚貝にも合い、刺身の味わいを高めます。冷蔵で日持ちもするので、作り置きもできます。

◆ 材料（割合）
濃口醤油…8
たまり醤油…1
酒…2
みりん…1
だし昆布…適量
カツオ節…適量

◆ 作り方
材料の調味料と昆布を鍋に合わせて火にかけ、沸いてきたら昆布を取り出す。火を止めてからカツオ節を加え、冷めたら漉して仕上げる。

梅肉醤油

梅肉の爽やかな酸味と色合いを活かし、つけ醤油に。梅肉は塩を抜いて酒で煮詰め、刺身醤油でのばすとまろやかで上品な味わいに仕上がります。ハモの落としやイカの刺身に。

◆ 材料
梅干し…適量
酒…適量
刺身醤油…適量

◆ 作り方
梅干しは種を除き、ひと晩水につけて塩を抜く。これを裏漉しにかけ、酒を加えて煮詰め、クリーム状になったら火からおろし、刺身醤油でのばす。

ポン酢醤油

フグやヒラメなど白身魚の薄造りに欠かせません。柑橘の絞り汁はすだちやかぼす、柚子など好みのものを使ってください。火入れしないため、酒とみりんはきっちり煮切ります。

◆ 材料（作りやすい分量）
濃口醤油…5カップ
柑橘の絞り汁…5カップ
米酢…1カップ
煮切りみりん…2カップ
煮切り酒…1カップ
だし昆布…30 g
カツオ節…40 g

◆ 作り方
材料をすべて合わせて1週間ほど寝かせ、漉してから使う。

黄身酢

土佐酢に卵黄を加えたコクのある合わせ酢。白身魚やイカ、エビなど淡白な魚貝との相性がよく、鮮やかな黄色も魅力です。ゼラチンを加えてゼリーにするとまた趣きが変わります。

◆ 材料（作りやすい分量）
卵黄…4個
土佐酢…100㎖

◆ 作り方
卵黄に土佐酢を加え、泡だて器でかき混ぜながら低温の湯せんにかける。ぽってりとしてきたら火を止める。

煎り酒

古くは醤油の代わりに用いられていたという煎り酒。ここでは梅干しの酸味や塩味に、昆布とカツオ節で旨みを深める方法で作ります。上品な味わいは淡白な白身魚に合います。

◆ 材料（作りやすい分量）
酒…5カップ
梅干し（塩抜きする）…5個
みりん…1/2カップ
淡口醤油…大さじ3
だし昆布…5 g
カツオ節…適量

◆ 作り方
梅干しは水につけて塩抜きしたものを用意し、調味料と昆布と合わせて火にかけ、沸いてきたら昆布を取り出す。火を止めてからカツオ節を加え、冷ましてから漉す。

つけ醤油バリエーション

味噌や醤油だけでなく、マヨネーズやドレッシングを使って洋風に、豆板醤やごま油で中華風にと、取り合わせる調味料や香りのもので多彩な味わいが広がります。

旭屋出版特別企画

※これは旭屋出版と堺正元と藍久の共同企画です。

大田忠道氏が推奨する刺身包丁を特別販売します。

刺身の出来栄え、おいしさは、包丁で決まるといわれています。特に客前で調理する店では、包丁の切れ味だけでなく、包丁使いが刺身の料理価値を高めます。そこで、大田忠道氏が使い、多くのファンのお客様を魅了し続ける高級感漂う堺正元製銘木シリーズの刺身包丁を特別販売します。今回は柄と鞘に黒檀《こくたん》、紫檀《したん》、鉄刀木《たがやさん》、黄金檀《おうごんたん》、花梨《かりん》を使った5種類です。

現代の料理人は、料理をつくるだけでなく客前での調理パフォーマンスが大事になってきています。だから、私は包丁や包丁立てを大切にしています。

堺正元製　刺身包丁　銘木シリーズ

紫檀　鉄刀木　黄金檀　花梨

◇銘木シリーズ価格表（尺柳刃　30cm 本刃付き）

柄	黒檀	紫檀・黄金檀 鉄刀木・花梨
霞研き白二鋼	42,000円+税	40,000円+税
本霞研き白二鋼	56,000円+税	54,000円+税
紋鍛練青二鋼	68,000円+税	66,000円+税

※両水牛柄の場合はプラス5,000円。鞘は下記の別料金。
※価格は平成30年1月現在のもので材料事情等で変更することがあります。
注）銘木シリーズの刺身包丁は、包丁職人が1本１本手づくりによるので、製作に1カ月ほどかかる場合があります。

左下から鉄刀木、黄金檀、紫檀、黒檀の柄と鞘。鞘は別売。

◇銘木シリーズ鞘の価格表

	黒檀	紫檀・黄金檀 鉄刀木・花梨
尺柳刃鞘	30,000円+税	26,000円+税

包丁に文字やロゴ、キャラクターのレーザー彫刻を施すことができます。文字は1,000円～（文字数による）、ロゴやキャラクターは2,500円～（面積による）。

購入方法　お求めの庖丁名をお書きの上、下記まで「現金書留および郵便振替」にて入金をお願いします。確認後、商品を送付いたします。
郵便振替用紙は郵便局に備えてあります。
郵便振替口座：00150-1-19572
（株）旭屋出版　商品部　住所：東京都港区赤坂 1-7-19 キャピタル赤坂ビル 8F　TEL：03-3560-9065

お問合せ先　堺打刃物 和庖丁 藍《あい》久《きゅう》　E-mail：waboutyo@sakai-iq.com　TEL：03-3823-3100（代表）

大田忠道の人気料理本

人気の「前菜」「先付け」大全

―コースとして、一品としての魅力料理―

定価：2800円+税

新春から春へ、初夏から晩夏へ、初秋・錦秋・冬色…など四季折々の前菜・先付を紹介。さらに行事の楽しい趣向前菜を加え、バラエティー豊かな前菜・先付けの世界が広がる。

「小鉢の料理」大全

―魅力のお通し、前菜、酒の肴に仕立てる―

定価：2800円+税

小鉢の趣向膳、お造り・刺身の小鉢料理、酢の物・和え物の小鉢料理、煮物の小鉢料理、焼物・揚げ物の小鉢料理…など、100種を超える人気の小鉢料理を紹介する。

「人気の弁当料理」大全

―弁当づくりの調理便利帳―

定価：2800円+税

1章「四季の趣向弁当」、2章「集い・祝い・行事の趣向弁当」、3章「仕出し・持ち帰りの弁当」、4章「弁当づくりの調理便利帳」―この1冊で人気の弁当づくりが習得できる。

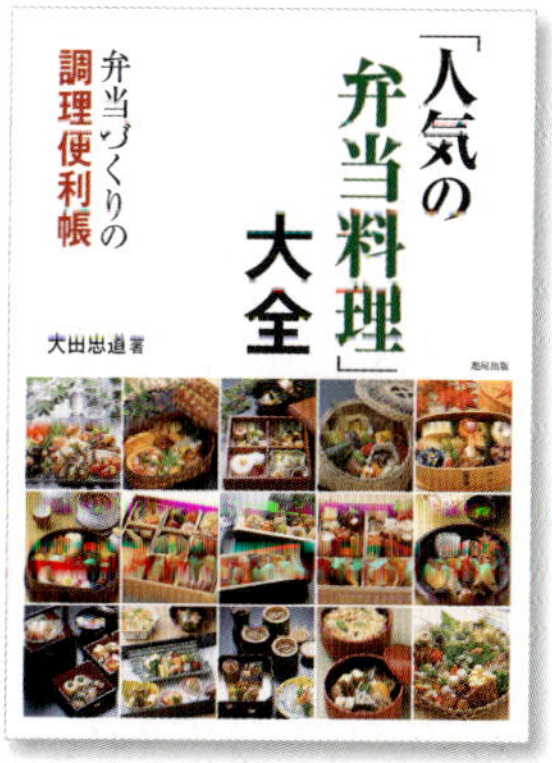

第四章

【魚種別】人気の刺身料理（12〜86頁）
盛り合わせ・小鉢の刺身料理（88〜129頁）

材料と作り方

【魚種別】人気の刺身料理

※材料の分量は一皿分、または作りやすい分量です。適宜調整してお作りください。

タイと筍の竹皮包みスモーク

↓12頁

材料

タイのおろし身……150g
筍（茹でたもの）……1/2本
こごみ（茹でたもの）……3本
ぜんまい（茹でたもの）……3本
竹皮……3枚
桜のチップ……50g

作り方

1 タイのおろし身はサク取りし、皮目をバーナーまたは直火で炙り、すぐに氷水に取って冷まし、水気を取り、1切れ50g程度の切り身にする。

2 筍は茹でたものを用意し、縦の薄切りにする。

3 竹皮の底面に数か所穴をあけ、1のタイと2の筍、こごみ、ぜんまいをのせ、表面をバーナーまたは直火で炙り、焼き目をつける。

4 土鍋に桜のチップを入れ、ひばの葉、竹皮で包んだ3をのせ、桜のチップに火をつけ、煙が上がってきたら蓋をして客席へ運ぶ。

5 客前で蓋をあけ、銘々に取り分ける。

タイのお造り

↓14頁

材料

タイのおろし身……80g
紅芯大根のけん、茗荷のけん……各適量
大葉……1枚
花穂じそ、紫芽、わさび、より人参……各適量
すだち……1/2個

作り方

1 タイのおろし身はサク取りして皮を引き、半量は引き造りに、残りの半量はそぎ造りにする。皮はさっと湯に落として氷水に取り、水気を拭いて細切りにする。

2 器に紅芯大根のけんをおき、大葉を重ね、1の造り身2種を盛り、上に1の皮をのせる。茗荷のけん、花穂じそ、紫芽、わさび、すだちを添え、より人参をあしらう。

タイの薄造り　醤油ジュレ

↓15頁

材料

タイの上身……100g
醤油ジュレ
　醤油……100mℓ
　だし……80mℓ
　粉ゼラチン……2g
花人参、水玉胡瓜……各適量
食用花……適量

作り方

1 醤油ジュレを作る。醤油とだしを合わせて火にかけ、ひと煮立ちしたら火を止め、水で戻した粉ゼラチンを加えて溶かす。粗熱が取れてから器に流し入れ、冷蔵庫で冷やし固める。

2 タイは上身にしたものを用意してサク取りし、そぎ造りにして1の上に放射状に盛る。残ったそぎ造りを少しずつ重ねて並べ、端から巻いて花びらのように開き、中心に盛る。

3 飾り切りした人参、胡瓜、食用花を飾る。

桜ダイの姿盛り

↓16頁

材料

タイ……3尾
メロン……1個
大根のけん、人参のけん、胡瓜のけん……各適量
大葉……6枚
花穂じそ……6本
わさび……適量
桜大根（飾り切り）……適量

作り方

1 タイはウロコを引いてエラを取り除き、腹を開いて内臓を取り出し、水洗いして水気を取る。中骨に頭と尾を残して三枚におろす。
2 おろし身は腹骨と小骨を取り、皮を引き、サク取りしてそぎ造りにする。
3 尾頭付きの中骨は大根の枕と竹串を使い、頭と尾をはね上げた姿に作り、竹串で背ビレ、胸ビレの形を整え、舟にする。
4 メロンは半分に切り、一方は果肉をくり抜き、釜にする。もう一方は桜のむきものを施す。
5 器に大根のけんと人参のけん、胡瓜のけんを混ぜ合わせて敷き、メロンの釜をおき、3の舟をのせ、むきもののメロンもおく。舟の上にも合い混ぜにしたけんをのせて大葉を重ね、2の造り身をそれぞれ盛り、花穂じそをあしらい、わさびを添える。桜に飾り切りした大根に食紅で色をつけ、飾る。

タイの茶ぶり

→18頁

材料

タイの上身……45g
緑茶……適量
パールめん＊……適量
大葉……1枚
わさび、紫芽……各適量
浜防風、花穂じそ、より人参、マイクロトマト……各適量

作り方

1 タイは上身にしたものを用意してサク取りし、そぎ造りにする。
2 緑茶に氷を入れて冷たく冷やし、1を入れて茶ぶりし、水気を取る。
3 器にパールめんをおいて大葉を重ね、わさび、紫芽を添え、浜防風、花穂じそ、より人参、マイクロトマトをあしらう。

＊パールめん
海藻から抽出した水溶性食物繊維を加工したもの。透明感とパリパリとした食感を持ち、刺身のつまに向く。水で戻してから使う。

タイの変わり造り

→19頁

材料

タイのおろし身……80g
薄揚げ……1枚
人参のけん、胡瓜のけん、茗荷のけん、大根のけん、南瓜のけん……各適量
菜の花……1～2本
すだち……1/2個
酢取り茗荷……1本
莫大海……少量

作り方

1 タイのおろし身はサク取りし、皮を引き、引き造りにする。
2 1の造り身の半量を熱湯に落とし、すぐに氷水に取って冷まし、水気を取る。引いた皮も同様にさっと熱湯に通し、氷水に取って冷まし、水気を取り、細く切る。
3 器の上に炙った薄揚げをのせ、人参、胡瓜、茗荷、大根、南瓜のけんをおき、1の造り身と2の湯引きした造り身を盛り、湯引きした皮ものせる。茹でた菜の花、すだち、スライスした酢取り茗荷を添え、戻してあられに切った莫大海をあしらう。

タイの五色巻き

→20頁

材料

タイのそぎ造り……75g（5切れ）
ゼリー寄せの素（作りやすい分量）
昆布だし……540ml
寒天……1本
板ゼラチン……3枚
青柚子のゼリー寄せ
ゼリー寄せの素……90ml
青柚子皮のすりおろし……小さじ1
醤油のゼリー寄せ
ゼリー寄せの素……90ml
醤油……大さじ2
わさびのゼリー寄せ
ゼリー寄せの素……90ml
おろしわさび……小さじ1
梅肉のゼリー寄せ
ゼリー寄せの素……90ml
梅肉……大さじ1
岩海苔のゼリー寄せ
ゼリー寄せの素……90ml
岩海苔……大さじ2
黄パプリカ……少量
茗荷のけん、より人参、もみじ紅芯大根、もみじ人参……各適量
すだち……1/4個

作り方

1 ゼリー寄せの素を作る。昆布だしに水で戻した寒天を入れて煮溶かし、火を止めてから水で戻した板ゼラチンを加えて溶かす。

2 ゼリー寄せの素を等分し、青柚子皮のすりおろし、醤油、おろしわさび、梅肉、岩海苔をそれぞれ混ぜ合わせ、流し缶に流し入れて冷やし固める。

3 ゼリー寄せが固まったら、それぞれ拍子木切りと飾り用に角切りにする。

4 拍子木切りにした3のゼリー寄せをタイのそぎ造りの身でそれぞれ巻く。

5 器にタイの五色巻きを盛り、茗荷のけん、より人参、もみじ形に飾り切りした紅芯大根と人参を添え、造りの上に飾り用に切ったゼリー寄せ、輪切りにしたパプリカをあしらう。

タイのかぶと造り

→21頁

材料

タイの上身……180g
デコポン……1個
すだち……1個
紫芽……適量
あさつき、浜防風、食用花……各適量

作り方

1 デコポンは底の部分を切り落とし、果肉を取り出して掃除する。兜の面になる側の皮を切りはずし、はずした皮で兜の側面と角を作り、本体につけて兜にする。

2 タイは上身にしたものを用意してサク取りし、そぎ造りにする。造り身の半量は少しずつ重ねて端から巻き、片側を開いて花造りにする。

3 器に氷を敷き、デコポンの兜をのせ、タイの花造りを盛り、手前に青竹をおいて残りの造り身を並べ、半分に切ったすだち、紫芽を添える。あさつき、浜防風、食用花をあしらう。

焼き椎茸盛り タイの炙り造り

→22頁

材料

タイの上身……50g
ジャンボ椎茸……1個
塩、白胡椒……各適量
マイクロリーフミックス、黒皮南瓜、ラディッシュ、桜人参……各適量
赤・黄パプリカ……各適量
胡麻ドレッシング＊……適量

作り方

1 タイは上身にしたものを用意してサク取りし、薄造りにする。

2 ジャンボ椎茸は石づきを取り、油を熱したフライパンでソテーし、塩、白胡椒をふり、器に盛る。

3 2の椎茸の笠に1の造り身を並べ、バーナーで表面を炙る。

4 マイクロリーフミックスとせん切りにした黒皮南瓜、薄切りにしたラディッシュ、桜人参を合わせたサラダを3に添え、胡麻ドレッシングをかける。

＊胡麻ドレッシング

●材料（作りやすい分量）

練り胡麻……15㎖
濃口醤油……20㎖
エキストラヴァージンオリーブオイル……15㎖
マヨネーズ……15㎖
白ワインビネガー……20㎖

●作り方

材料をすべて合わせてよく攪拌する。

ヒラメのエンガワ

→23頁

材料

ヒラメのエンガワ……60g
紫キャベツの葉……1枚
パールめん……適量
大葉、紫芽、わさび、すだち、花穂じそ、より人参……各適量
菜の花、蝶人参……各適量

作り方

1 ヒラメのエンガワはおろし身から切り離し、皮を引いたものを用意し、表面に鹿の子庖丁を入れ、食べやすい大きさに切る。

2 器に紫キャベツの葉を敷き、上にパールめんかないし人葉を重ね、1の造り身を盛り、すだち、花穂じそ、紫芽、わさび、より人参を添え、菜の花と蝶人参を飾る。

ヒラメの薄造り

→24頁

材料
ヒラメの上身……400g
ヒラメの中骨……適量
胡瓜のけん……適量
花穂じそ……4本
もみじおろし、鴨頭ねぎ（小口切り）……各適量
ポン酢醤油（→170頁）……適量

作り方
1 ヒラメは上身にしたものを用意し、薄造りにし、放射状に器に並べる。
2 ヒラメの中骨は素揚げにする。
3 1の器の手前に胡瓜のけん、花穂じそ、もみじおろし、鴨頭ねぎを盛り、2の中骨を添える。別にポン酢醤油を添える。

ヒラメの三色砧巻き

→26頁

材料
ヒラメの上身……35g
大根……適量
甘酢*……適量
さやいんげん……1本
吸い地八方だし*……適量
赤パプリカ……適量
胡瓜……1/2本
茗荷……1/2本
ミニトマト……1個
錦糸卵……1/2枚分

作り方
1 ヒラメは上身にしたものを用意してサク取りし、そぎ造りにする。
2 大根は桂むきにし、立て塩につけ、水気を取り、甘酢につける。
3 さやいんげんは塩を入れた熱湯で茹でて、水に取り、吸い地八方だしにひたす。
4 赤パプリカは細切りにし、さっと茹でて甘酢につける。
5 胡瓜は小口切りにし、立て塩につけてしんなりしたら水気を絞る。
6 茗荷はさっと茹でてザルに上げ、冷ましてから甘酢につける。
7 ミニトマトはへたを取り、熱湯に落として氷水に取り、皮をむく。
8 ラップの上に2の大根の桂むきを広げ、錦糸卵と1のヒラメを並べ、3のさやいんげん、4の赤パプリカを芯にして巻く。しばらくおいて形を落ち着かせてから、ラップをはずし、食べやすい幅に切り分ける。
9 器に盛り、5～7を添える。

ヒラメの彩り野菜巻き

→27頁

材料
ヒラメの上身……60g
オクラ……1本
茗荷……1本
甘酢*……適量
はす芋……1切れ
吸い地八方だし*……適量
クコの実……1粒
オクラ（叩いたもの）……少々
とろろ芋……少々
茗荷のけん、レタス、人参……各適量

作り方
1 ヒラメは上身にしたものを用意してサク取りし、そぎ造りにする。
2 オクラはがくを切り取り、塩茹でにし、水に取り、水気を拭き取る。茗荷はさっと茹でて甘酢につける。はす芋は皮をむき、食べやすい長さに切り、さっと茹でて水気を絞り、吸い地八方だしにひたす。
3 1のヒラメで2のオクラ、茗荷、はす芋をそれぞれ巻き、器に盛る。
4 オクラを巻いたヒラメの上にクコの実、茗荷を巻いたヒラメの上に叩いたオクラ、はす芋を巻いたヒラメの上にとろろ芋をのせ、茗荷のけんとレタス、人参をあしらう。

*甘酢
●材料（割合）
だし……6
酢……1
みりん……1
淡口醤油……1
●作り方
材料を合わせて火にかけ、ひと煮立ちしたら火を止め、冷ます。

*吸い地八方だし
●材料（作りやすい分量）
だし……8カップ

塩……小さじ2
酒……40㎖
淡口醤油……大さじ1

●作り方
だしを沸かして塩、酒、淡口醤油で味を調える。冷ましてからおひたしの地に使う。

キンメダイのカルパッチョ

↓28頁

材料
キンメダイのおろし身……60g
けん（南瓜、胡瓜、人参、ねぎ、茗荷）……各適量
ミニトマト、オクラ、酢取り茗荷、莫大海……各適量
木の芽、実山椒……各適量
すだち……適量
梅肉ドレッシング＊……適量

作り方
1 キンメダイのおろし身はサク取りし、皮目をバーナーまたは直火で炙り、氷水に取り、水気を取り、薄造りにし、皿にならべていく。
2 中心に5種類のけんを盛り、輪切りにしたミニトマト、オクラ、茗荷、莫大海を造り身の上に散らし、木の芽と実山椒をのせ、すだちを添える。
3 小皿にドライアイスをのせ、水を入れて2にしのばせ、フタをして客席にお出しする。
4 客席でフタをあけ、梅肉ドレッシングですすめる。

＊梅肉ドレッシング
●材料（作りやすい分量）
だし……大さじ3
濃口醤油……小さじ2
サラダ油……大さじ4
酢……大さじ4
砂糖……小さじ1
梅肉……大さじ2
●作り方
材料をすべて合わせてよく攪拌する。

キンメダイの湯引き造り

↓30頁

材料
キンメダイのおろし身……50g
胡瓜のけん、紫玉ねぎのけん…各適量
すだち（輪切り）……3切れ
わさび、紫芽、花穂じそ、より人参……各適量

作り方
1 キンメダイのおろし身はサク取りし、皮目に縦に数本筋目を入れる。皮目を上にして立て板におき、立て板ごと斜めに立てかけ、熱湯を回しかけ、すぐに氷水に取って水気を取り、引き造りにする。
2 器に胡瓜のけん、紫玉ねぎのけんをおき、造り身を盛り、間にすだちを挟む。わさびと紫芽、花穂じそ、より人参を添える。

キンメダイの炙り造り

↓31頁

材料
キンメダイのおろし身……60g
すだち……1/2個
マイクロトマト……適量
塩……適量

作り方
1 キンメダイのおろし身はサク取りし、引き造りにし、杉板に盛る。
2 1を板ごと器に盛り、すだち、ミニトマト、塩を添える。
3 客席で皮目をバーナーで炙り、焼き目がついたところで食べてもらう。

カマスのお造り

↓32頁

材料
カマス……2尾
大根のけん、わさび、酢取り蓮根、花穂じそ、より人参……各適量

作り方
1 カマスはウロコを引き、エラと内臓を取り除いて水洗いし、水気を取り、頭を切り落とし、三枚におろす。

2 おろし身の皮を引き、そぎ造りと引き造りにする。

3 器に1の頭をおいて大根のけんを添え、二種類の造り身を盛り、わさび、酢取り蓮根、花穂じそ、より人参を添える。

コチの焼き霜造り

↓33頁

材料

コチのおろし身……60g
大根のけん、茗荷のけん、ラディッシュのけん……各適量
はす芋（輪切り）、花穂じそ、より人参、あやめ胡瓜……各適量
わさび、紫芽……各適量
すだち……1/4個

作り方

1 コチのおろし身はサク取りし、皮目をバーナーまたは直火で炙って焼き目をつけ、氷水に取って冷まし、水気を取り、そぎ造りにする。

2 竹をくり抜いた器に大根のけん、茗荷のけん、ラディッシュのけんをおき、1の造り身の半量を盛り、はす芋、花穂じそ、より人参、あやめ胡瓜をあしらう。

3 器にかいた氷を敷き詰め、2をのせ、手前に残りの造り身とわさび、紫芽、すだちを盛る。

カンパチの引き造り

↓34頁

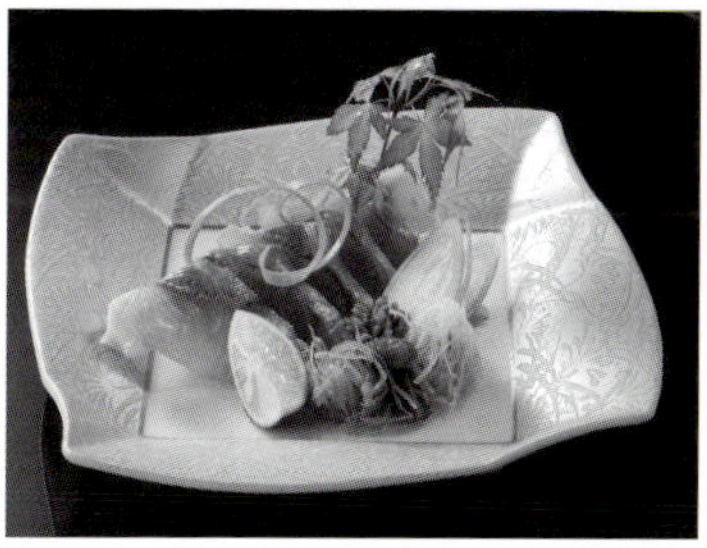

材料

カンパチの上身……70g
破竹……1本
茗荷のけん、胡瓜のけん……各適量
すだち……1/4個
菜の花、クコの実、茗荷……各適量

作り方

1 カンパチは上身にしてサク取りし、引き造りにする。

2 器に破竹をおき、1の造り身を盛り、手前に茗荷のけん、胡瓜のけん、茹でた菜の花、クコの実、スライスした茗荷、すだちを添える。

シマアジの色紙造り

↓35頁

材料

シマアジの上身……70g
大根のけん……適量
大葉……1枚
ラディッシュのけん、わさび、紫芽、すだち……各適量
より人参……2個

作り方

1 シマアジは上身にしてサク取りし、色紙造りにする。

2 器に竹をおき、上に大根のけんをのせて大葉を重ね、1の造り身を盛る。竹の側にも造り身を盛り、ラディッシュのけん、わさび、紫芽、すだちを添え、より人参をあしらう。

メバルの姿造り

↓36頁

材料

メバル……1尾
大根のけん、茗荷のけん、大葉、わさび、すだち……各適量
黒皮南瓜のむきもの、ラディッシュのむきもの……各適宜

作り方

1 メバルはウロコを引き、腹を開いてエラと内臓を取り除き、中骨に頭と尾をつけた三枚おろしにする。

2 おろし身は腹骨をすき取り、小骨を抜き、1枚は皮を引いて薄造りにする。

3 おろし身のもう1枚は皮目に筋目を入れ、バーナーまたは直火で炙って焼き目をつけ、氷水に取って冷まし、水気を拭いて引き造りにする。

4 尾頭付きの中骨は頭と尾をはね上げるように大根の枕に竹串で固定し、

背ビレと胸ビレの形も整え、舟にする。

5 器にかいた氷を敷き詰め、中骨の舟をのせ、大根のけんをおいて大葉を重ね、2の薄造りの身を盛る。中骨の舟の手前に茗荷のけんをおいて大葉を重ね、3の焼き霜造りの身を盛り、わさびとすだちを添える。黒皮南瓜のむきものとラディッシュのむきものを飾る。

オコゼの薄造り　肝ポン酢

→37頁

材料
オコゼ……1尾
ポン酢醤油（→176頁）……適量
ラディッシュのスプラウト、茗荷のけん、芽ねぎ、紫芽、より人参、ラディッシュのけん、すだち……各適量

作り方
1 オコゼは毒のある背ビレをまず取り除く。背ビレの根元に両側から切り込みを入れ、身から背ビレを切り取る。

2 カマに庖丁を入れて頭を落とし、エラをはずし、腹を開いて内臓を取り除く。肝は別に取っておく。身は水洗いして水気を取り、大名おろしにする。頭と中骨は盛り付け用にきれいに洗い、水気を取り、器の中心におく。

3 おろし身は外皮を手ではがし、身に残った薄皮を庖丁ですき取ってから薄造りにし、器の周囲に並べていく。

4 3の外皮と内皮はさっと茹でて水に取り、水気を取って細切りにし、中心に盛る。

5 内臓から肝を切り離し、すり鉢ですりつぶし、ポン酢醤油に混ぜ込み、肝ポン酢を作る。

6 別器にラディッシュのスプラウト、茗荷のけん、芽ねぎ、紫芽、より人参、ラディッシュのけん、すだちを盛って薬味にし、肝ポン酢を添える。

タチウオのお造り

→38頁

材料
タチウオのおろし身……80g
ラディッシュのけん、大葉……各適量
紫芽、わさび……各適量
唐草大根＊、食用花……各適量
梅醤油＊または黄身ポン酢＊…各適量

作り方
1 タチウオはおろし身を用意し、半量は皮目をバーナーまたは直火で炙り、すぐに氷水に取って冷まし、水気を拭き取り、色紙造りにする。残りの半量は皮目が外側になるようくるくると巻き、食べやすい大きさに切る。

2 器にラディッシュのけんをおき、大葉を重ね、2種類の造り身を盛り、紫芽とわさびを添え、唐草大根と食用花を飾る。

3 梅醤油または黄身ポン酢を別に添える。

＊唐草大根
大根やかぶの茎を利用したあしらい。茎に斜めに深い切り込みを入れ、これを縦に薄切りにする。水にさらすとくるりと曲がり、唐草模様のようになる。

＊梅醤油
●材料
刺身醤油（→176頁）……適量
梅肉……適量
●作り方
刺身醤油に梅肉を混ぜ合わせる。梅肉はひと晩水につけて塩を抜き、裏漉ししたもの。

＊黄身ポン酢
●材料
ポン酢醤油（→176頁）……適量
卵黄……適量
●作り方
ポン酢醤油に卵黄を溶き混ぜ、低温の湯煎にかけ、なめらかになるまで練り混ぜる。とろみがついてきたら火からおろし、冷ます。

アナゴの湯引き造りと薄造り

→39頁

材料
アナゴ（活けのもの）……1尾
南瓜のけん、貝割れ菜……各適量
胡瓜のけん、茗荷のけん……各適量
花穂じそ、桜人参……各適量
鴨頭ねぎ（小口切り）、もみじおろし……各適量
ポン酢醤油（→176頁）、刺身醤油（→176頁）……各適量

作り方
1 アナゴは庖丁でヌメリをこそげ取り、肛門から腹を開いて内臓を取り出し、水洗いして血合いをかき出し、

水気を取る。これをまな板に目打ちし、頭側から中骨に沿って庖丁を入れ、腹開きにし、身から中骨を切り離す。頭を落として腹骨をすき取り、背ビレを引き抜き、尾を切り落とす。

2 1のおろし身の半量は皮を引き、氷水で洗って水気を取り、薄造りにして器に並べていく。引いた皮は茹でて水気を取り、食べやすく切る。

3 残りの半量は皮を引き、薄造りにして湯にさっと通し、氷水に取り、水気を取り、器に並べる。引いた皮は素揚げにして食べやすく切る。

4 2の薄造りの中心に南瓜のけん、貝割れ菜、茹でた皮を盛り、3の湯引き造りの中心に胡瓜のけんと茗荷のけん、素揚げにした皮を盛る。花穂じそと桜人参をあしらい、鴨頭ねぎともみじおろし、ポン酢醤油、刺身醤油を別に添える。

てっさ

↓40頁

材料

フグの上身……100g
フグの皮……20g
大根のけん、大葉、鴨頭ねぎ（小口切り）、もみじおろし、すだち（輪切り）……各適量
ポン酢醤油（↓176頁）……適量

作り方

1 フグはみがいた身を用意し、薄造りにして放射状に器に並べていく。

2 フグの皮は茹でて氷水に取り、水気を取り、細切りにする。

3 1の器の手前に大根のけんをおき、大葉を重ね、鴨頭ねぎ、もみじおろし、すだち、2の茹でた皮を添える。別にポン酢醤油を添える。

炙りフグ　黄身酢ソース

↓42頁

材料

フグの上身……80g
オクラ……1本
茗荷のけん……適量
すだち……1/4個
黄身酢ソース＊……適量
醤油のゼリー寄せ（↓183頁）……適量
赤万願寺唐辛子（輪切り）……適量

作り方

1 フグはみがいた身を用意し、表面をバーナーで炙って焼き目をつけ、氷水に取って水気を拭き、そぎ造りにする。

2 オクラは塩でもみ、熱湯で茹でて色出しし、冷水に取って水気を取る。

3 器にオクラをおき、1のそぎ造り5切れを盛る。残りを花造りにして手前におき、茗荷のけん、すだちを添え、黄身酢ソースを流す。小角に切った醤油のゼリー寄せ、赤万願寺唐辛子を造り身にのせる。

※黄身酢ソース

●材料（作りやすい分量）

土佐酢（↓176頁）……90㎖
卵黄……4個

●作り方

土佐酢に卵黄を溶き混ぜ、湯煎にかけ、なめらかになるまで練り混ぜ、とろみがついたら火からおろし、冷ます。

フグ薄造りとカワハギ肝和え

↓43頁

材料

フグの上身……1尾分
カワハギの肝……20g

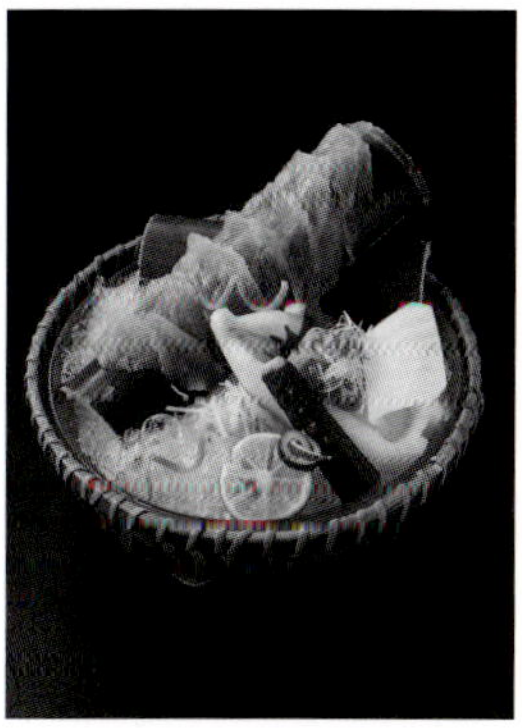

大葉、白髪ねぎ……各適量
南瓜のけん、すだち、より人参、室胡瓜……各適量
ポン酢醤油（↓176頁）……適量

作り方

1 フグはみがいた身を用意し、薄造りにして青竹の上に並べていく。

2 1のフグの端身を細切りにし、カワハギの肝で和える。大根で作った舟の器に大葉を敷いた上に盛り、白髪ねぎをのせる。

3 器にかいた氷を敷き詰め、1と2をのせ、南瓜のけん、室胡瓜、すだちを添え、より人参を飾る。別にポン酢醤油を添える。

炙りハモ

↓44頁

材料

ハモのおろし身……60g
はす芋……1/4本
吸い地八方だし（↓185頁）……適量
南瓜のけん……適量
すだち（輪切り）、ラディッシュ（輪切り）、紫芽、わさび……各適量

作り方

1 ハモはおろし身を用意し、皮一枚を残して骨切りし、3cm幅くらいに切り、バーナーで身の両面を炙り、焼き目をつける。

2 はす芋は皮をむいて食べやすい長さの細切りにし、茹でて吸い地八方だしにひたす。

3 器に2のはす芋、南瓜のけんをおき、1を盛り、すだち、ラディッシュ、紫芽、わさびを添える。

ハモ落とし 梅肉とろろかけ

→45頁

材料

ハモのおろし身……200g
梅肉とろろ＊……適量
土佐酢ジュレ（→195頁）……適量
水玉胡瓜、ラディッシュ（細切り）、花穂じそ、オクラ（輪切り）、チャービル……各適量

作り方

1 ハモはおろし身を用意し、皮一枚を残して骨切りし、3cm幅くらいに切り、熱湯に落として身が開いてきたら氷水に取り、水気を取る。

2 器に1を盛り、水玉胡瓜を散らし、天にラディッシュ、花穂じそ、オクラ、チャービルを盛り、梅肉とろろ、土佐酢ジュレを流す。

＊梅肉とろろ

●材料（作りやすい分量）

とろろ芋……60g
梅肉……5g

●作り方

大和芋や長芋をすりおろし、梅肉を混ぜ合わせる。梅肉はひと晩水につけて塩抜きし、裏漉しにかけたもの。

ハモちり

→46頁

材料

ハモのおろし身……80g
大葉……1枚
胡瓜のけん、茗荷のけん、ラディッシュのけん……各適量
花穂じそ、莫大海……各適量
より人参……適量
梅肉……適量
酢味噌＊……適量

作り方

1 ハモはおろし身を用意し、皮一枚を残して骨切りし、3cm幅くらいに切り、熱湯に落とし、身が開いてきたら氷水に取り、水気を取る。

2 青竹の器に大葉を敷き、1を盛り、胡瓜のけん、茗荷のけん、ラディッシュのけん、花穂じそ、戻した莫大海を盛り、かいた氷を敷いた器にのせ、より人参を添える。造り身に梅肉をのせ、酢味噌を添える。

＊酢味噌

●材料（作りやすい分量）

玉味噌……100g
酢……大さじ3
淡口醤油……少々

●作り方

玉味噌に酢を加えてのばし、淡口醤油で味を調える。玉味噌は白味噌200g、卵黄5個、みりん50㎖、酒50㎖、砂糖75gを合わせて弱火にかけ、ゆっくり練り上げたもの。

カツオ銀皮造りと焼き霜造り

→48頁

材料

カツオのおろし身……80g
塩……適量
大根のけん、大葉……各適量
わさび、すだち、紫芽、花穂じそ……各適量
より人参、松葉胡瓜、松葉うど各適量
にんにくポン酢ダレ＊……適量

作り方
1 カツオのおろし身は皮目を上にしておき、間に庖丁を入れて二目で切り離す八重造りにする。
2 器に大根のけんをおいて大葉を重ね、造り身を盛り、わさび、すだち、紫芽、花穂じそを添え、より人参、松葉胡瓜、松葉ゆずをあしらう。別ににんにくポン酢ダレを添える。

＊ニンニクポン酢ダレ
●材料（作りやすい分量）
ポン酢醤油（→176頁）……100㎖
濃口醤油……50㎖
酢……20㎖
胡麻油……少々
おろしにんにく……1片分
●作り方
材料をすべてよく混ぜ合わせる。

カツオの引き造り青竹盛り

↓49頁

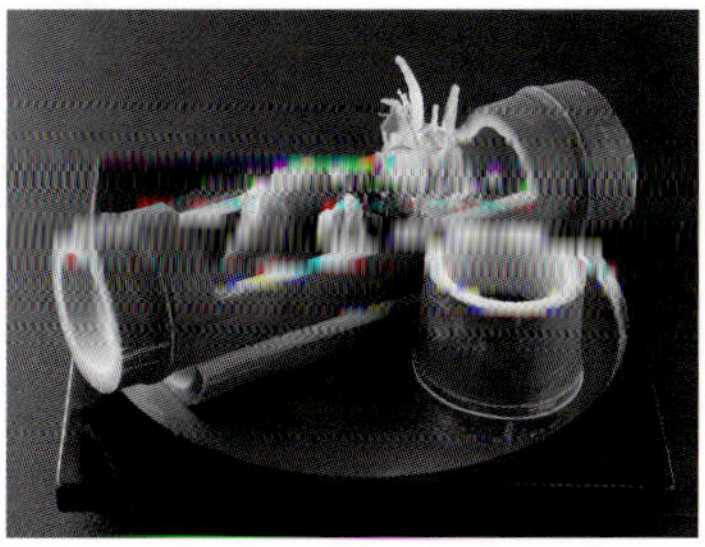

材料
カツオの上身……60g
さらし玉ねぎ、人参のけん、貝割れ菜……各適量
わさび、紫芽、ラディッシュ（薄切り）……各適量
刺身醤油（→176頁）……適量
作り方
1 カツオは上身にしたものを用意し、引き造りにする。
2 青竹の器に造り身を盛り、さらし玉ねぎと人参のけん、貝割れ菜を合わせ混ぜて添え、わさび、紫芽、ラディッシュを添える。別に刺身醤油を添える。

カツオの引き造り

↓50頁

材料
カツオの上身……75g
茗荷のけん、花穂じそ……各適量
作り方
1 カツオは引き造りにする。
2 器に茗荷のけんをおき、1を盛り、花穂じそを添える。

カツオのたたき

↓51頁

材料
カツオのおろし身（腹身）……75g
茗荷のけん、ラディッシュのけん、胡瓜のけん、人参のけん、さらし紫玉ねぎ（薄切り）、そばスプラウト……各適量
小ねぎ（小口切り）、もみじおろし、すだち……各適量
ポン酢醤油（→176頁）……適量
作り方
1 カツオのおろし身は腹身を用意し、両面に軽く塩をふる。皮側を焦げ目がつくまで炙り、身側も軽く炙り、氷水に落とす。
2 1の水気を拭き取り、皮側を上にしておき、引き造りにする。
3 器にけんとさらし紫玉ねぎ、そばスプラウトをおき、造り身を盛り、手前に小ねぎともみじおろし、すだちを添える。別にポン酢醤油を添える。

サーモンのお造り

↓52頁

材料
サーモンの上身……75g
大葉、大根のけん、南瓜のけん、わさび、紫芽、花穂じそ……各適量
作り方
1 サーモンは上身にしたものを用意してサク取りし、そぎ造りと引き造りにする。
2 器に大葉を敷いて1の造り身を盛り、大根のけん、南瓜のけんをおき、わさび、紫芽、花穂じそを添える。

サーモンのカルパッチョ

↓53頁

材料
サーモンの上身……120g
けん（白ねぎ、赤玉ねぎ、キャベツ、ラディッシュ、茗荷、胡瓜、人参）……各適量
貝割れ菜、紫芽……各適量
松葉胡瓜、松葉うど……各適量
マイクロトマト……5粒
胡麻ドレッシング＊……適量

作り方
1 サーモンは上身にしたものを用意してサク取りし、薄造りにして器に並べていく。
2 けんはそれぞれ水によくさらし、水気を取り、1の器の中心に盛る。貝割れ菜、紫芽も添え、松葉胡瓜、松葉うど、マイクロトマトをサーモンの上に散らし、胡麻ドレッシングを入れた竹の器を添える。

＊胡麻ドレッシング
●材料（作りやすい分量）
サラダ油……1カップ
酢……1/2カップ
胡麻油……大さじ2
濃口醤油……1/4カップ
砂糖……大さじ1
切り胡麻……大さじ1
●作り方
すり鉢に切り胡麻を入れてよくすり、サラダ油以外の材料を加えてすり混ぜる。なめらかになってきたら、サラダ油を少しずつ加えながらよく混ぜ合わせる。

サーモンの花造り

↓54頁

材料
サーモンの上身……40g
キャベツのけん、人参のけん 各適量
大葉……1枚
すだち……1/4個
紫芽……適量
赤・黄パプリカ（あられ切り） 各少量
ミニトマト……1/4個
食用花……適量

作り方
1 サーモンは上身にしたものを用意してサク取りし、そぎ造りにし、造り身を少しずつ重ねながら縦に並べて端から巻き、片側を開いて花にする。
2 器にキャベツのけん、人参のけんをおき、1を盛る。大葉を敷いてすだち、紫芽をのせ、パプリカを散らし、飾り切りしたミニトマト、食用花をあしらう。

サーモンのフルーツ巻き

↓55頁

材料
サーモンの上身……90g
パイナップル、オレンジ、りんご、キウイフルーツ、グレープフルーツ……各適量
大根のけん、胡瓜のけん、茗荷のけん……各適量
水玉ラディッシュ……2枚
三度豆、紫わらび、菜の花……各1本
和風ドレッシング＊……適量

作り方
1 サーモンは上身にしたものをサク取りし、5切れのそぎ造りにする。
2 パイナップル、オレンジ、りんご、キウイフルーツ、グレープフルーツはそれぞれ皮をむき、拍子木切りにする。
3 1の造り身で2のフルーツをそれぞれ巻き、器に盛る。手前に大根のけん、胡瓜のけん、茗荷のけんを添え、水玉に作ったラディッシュ、塩茹でした三度豆と紫わらび、菜の花をあしらう。別に和風ドレッシングを添える。

＊和風ドレッシング
●材料（作りやすい分量）
昆布醤油……45㎖
サラダ油……45㎖
酢……90㎖
わさび……5g
●作り方
材料を合わせてよく攪拌する。昆布醤油は濃口醤油とみりんを同割で合わせ、だし昆布を加えて火にかけ、沸いたら昆布を取り出し、冷ましたもの。

マグロのお造り

↓56頁

材料
マグロ中トロ（引き造り）……3切れ
マグロ赤身（引き造り）……3切れ
マグロ赤身（角造り）……3切れ
マグロ腹身……2切れ
大葉、大根のけん、木の芽、松葉うど、蝶人参……各適量

作り方

1 マグロ中トロは引き造り、マグロ赤身は引き造りし角造りに、マグロ腹身は皮付きし湯引きし、色紙造りにする。

2 器に大葉を敷き、大根のけんをのせ、1の造り身を盛り、木の芽、松葉うど、蝶人参をあしらう。

マグロトロの角造り

↓57頁

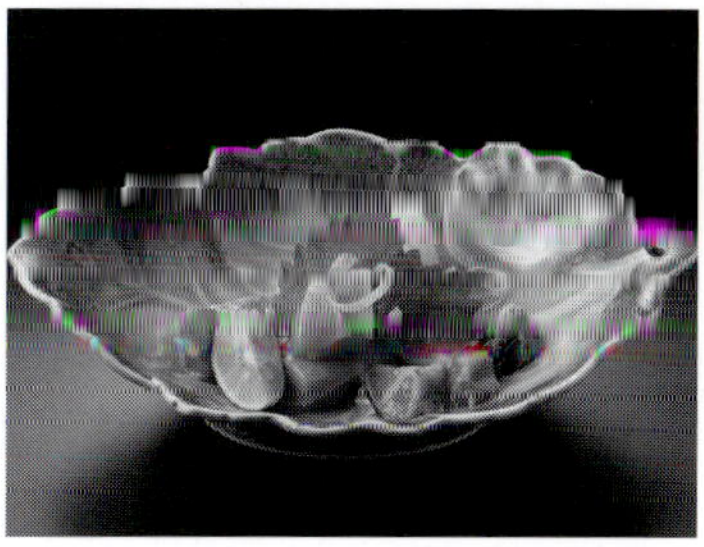

材料

マグロトロ……60g
大根のけん、大葉……各適量
すだち、紫芽、わさび、より胡瓜……各適量

作り方

1 マグロトロは棒状にサク取りし、角造りにする。

2 器に大根のけんをおき、大葉を重ね、1の造り身を盛り、すだち、紫芽、わさび、より胡瓜を添える。

マグロのお造り三種盛り

・マグロの引き造り
・マグロの山かけ
・マグロのコチュジャン和え

↓58頁

材料

マグロ赤身……90g
大根、南瓜、人参……各適量
山芋……適量
アボカド……適量
コチュジャン……適量
人参のけん、大根のけん、南瓜のけん……各適量
大葉……3枚
より人参、より胡瓜、人参のわさび台、わさび、赤とさかのり……各適量

作り方

1 マグロ赤身はサク取りし、9切れの引き造りにする。

2 大根、南瓜、人参はそれぞれ厚めの桂むきにし、角を頂点にして両端を手前に巻き、底辺を切り整え、器の上に立てて筒状に形を整える。

3 2の大根に人参のけんを入れて大葉を重ね、造り身3切れを盛る。

4 2の南瓜に大根のけんを入れて大葉を重ね、造り身3切れを盛り、叩いた山芋をかけ、より人参、より胡瓜をあしらう。

5 残りの3切れは同じ大きさに切ったアボカドと合わせ、コチュジャンで和え、2の人参に南瓜のけんを入れて大葉を重ねた上に盛る。

6 わさびをのせた人参のわさび台と赤とさかのりを添える。

イワシのそぎ造り

↓59頁

材料

イワシ……1尾
大根のけん……適量
はす芋（スライス）……3～4枚
ラディッシュのけん……適量
わさび、紫芽、すだち……各適量
花穂じそ、より人参……各適量

作り方

1 イワシはウロコを引いて頭を切り落とし、内臓を取り除き、水洗いして水気を取り、二枚におろす。おろし身の腹骨をすき取って小骨を抜き、皮を引き、そぎ造りにする。

2 青竹の器に大根のけんをおき、はす芋を重ね、1の造り身の半量を折り曲げながら盛る。

3 別の小鉢にはす芋、ラディッシュのけんをおき、残りの造り身を折り曲げながら盛る。手前にわさび、紫芽、すだちを添え、花穂じそ、より人参をあしらう。

4 大鉢にかいた氷を敷き詰め、2と3をのせる。

アジの鹿の子造り

↓60頁

材料

アジの上身……1尾分

茗荷のけん、胡瓜のけん、赤玉ねぎのけん、ラディッシュのけん…各適量
おろし生姜…………………適量
浜防風、松葉うど…………各適量

作り方

1 アジは上身にしたものを用意し、皮目に鹿の子庖丁を入れ、食べやすい大きさのそぎ造りにする。

2 器に茗荷のけん、胡瓜のけん、赤玉ねぎのけん、ラディッシュのけんをおき、1の造り身を盛り、おろし生姜をのせ、浜防風、松葉うどをあしらう。

アジのなめろう 赤玉味噌風味

↓61頁

材料

アジの上身…………………60g
赤玉味噌＊…………………40g
煎り白胡麻…………………少量
刻みねぎ、すだち…………各適量
大葉…………………………1枚
トマト（くし切り）………1カット
人参のけん…………………適量
おろし生姜、わさび………各適量
花穂じそ……………………1本

作り方

1 アジは上身にしたものを用意して庖丁で細かく叩き、赤玉味噌を加えて練り混ぜる。

2 器に1を盛り、煎り白胡麻をふり、刻みねぎとすだちを天盛りにする。

3 別の器に2をのせ、手前に大葉を敷き、トマト、人参のけん、おろし生姜、わさび、花穂じそを添える。

＊赤玉味噌

●材料（作りやすい分量）

赤味噌………………………100g
砂糖…………………………60g
煮切りみりん………………大さじ1
煮切り酒……………………大さじ1
卵黄…………………………2個分

●作り方

卵黄以外の材料を合わせて弱火で練り上げ、仕上がりに卵黄を加えて混ぜ合わせる。冷めてから裏漉しにかける。使用する際、使いやすい固さにだしで溶きのばす。

アジの砧巻き

↓62頁

材料

アジの上身…………………50g
大根の桂むき………4cm×15cm分
胡瓜…………………………適量
はす芋………………………適量
吸い地八方だし（↓185頁）………適量
酢取り茗荷…………………1本
わらび………………………1本
黄身酢（↓176頁）…………適量

作り方

1 アジは上身にしたものをそぎ切りにする。刺身に作って残った端身や酢〆にしたものなどを使ってもよい。

2 胡瓜は細切りにする。

3 ラップの上に大根の桂むきを広げ、アジと胡瓜をのせてきっちりと巻き、ラップに包んでしばらくおいて形を落ち着かせる。

4 3を切り分けて器に盛り、吸い地八方だしにひたしたはす芋、酢取り茗荷、茹でたわらびを添え、黄身酢をかける。

アジのなめろう 金山寺味噌風味

↓63頁

材料

アジの上身……………1/2尾分（約60g）
大葉、茗荷、胡瓜、紫玉ねぎ…各適量
貝割れ菜……………………適量
白ごま………………………適量
金山寺味噌、おろし生姜……各適量

作り方

1 アジは上身にしたものを用意し、庖丁で粗く叩く。

2 大葉、茗荷、胡瓜、紫玉ねぎはせん切りにし、水にさらして水気を取る。

3 器に1のアジを盛り、2と貝割れ菜、白ごまを添え、おろし生姜を混ぜた金山寺味噌を添える。

4 全体を混ぜ合わせながら食べてもらう。

サンマ鳴門造りと色紙造り

→64頁

材料

サンマのおろし身……………1/2尾分
貝割れ菜、ラディッシュのけん 各適量
すだち………………………1/4個
より紅芯大根、オレンジパプリカ（輪切り）………………各適量
揚げさつま芋…………………1カット

作り方

1 サンマのおろし身は半量は皮を引いて鳴門造りにする。残りの半量は酢〆にし、色紙造りにする。

2 器に貝割れ菜とラディッシュのけんをおき、2種類の造り身を盛り、すだちを添え、より紅芯大根、オレンジパプリカ、素揚げにしたさつま芋をあしらう。

サンマの炙り造り

→65頁

材料

サンマのおろし身……………1/2尾分
大葉…………………………1枚
茗荷のけん、にんにくチップ、すだち（スライス）、わさび ………各適量
もみじ人参、もみじ紅芯大根、いちょう人参、いちょうさつま芋……………………各1枚
花穂じそ、黄菊………………各少量

作り方

1 サンマのおろし身は皮目をバーナーまたは直火で炙り、氷水に取って冷まし、水気を拭いてからそぎ造りにする。

2 器に大葉を敷いて1のサンマを盛り、手前に茗荷のけん、にんにくチップ、すだち、わさびをのせたもみじ人参を添え、もみじ紅芯大根、いちょう人参、いちょうさつま芋をあしらう。花穂じそと黄菊を飾る。

サヨリの砧巻き

→66頁

材料

サヨリ…………………………1/2尾
胡瓜…………………………1/2本
イクラ…………………………少量
大根おろし……………………少量
土佐酢（→176頁）…………大さじ2
土佐酢ジュレ＊………………適量
花蓮根（甘酢漬け）…………1枚
酢取り茗荷……………………1本
いかり防風＊…………………1本
ラディッシュ（輪切り）………2枚

作り方

1 サヨリは三枚におろし、腹骨をすき取り、小骨を抜き、皮を引き、縦半分に切る。

2 胡瓜は外側の緑色の部分をむき取り、桂むきにして立て塩につけ、しんなりとしたら水洗いし、水気を取る。

3 2の胡瓜を広げ、1のサヨリをのせ、海苔巻きを作る要領でくるくると巻き、形を落ち着かせ、食べやすい幅に切り分ける。

4 イクラは水気を軽く切った大根おろしと土佐酢で和える。

5 器に3を盛り、4をのせ、土佐酢ジュレを周囲に流す。甘酢に漬けた花蓮根、酢取り茗荷、いかり防風、ラディッシュをあしらう。

＊いかり防風
飾り切りの一種で、浜防風の茎の下側を十文字に針で裂き、水につけると、割いた茎の部分がくるりと反り、錨のような形になる。

＊土佐酢ジュレ
●材料（作りやすい分量）
土佐酢（→176頁）……………180㎖
粉ゼラチン……………………3g
●作り方
土佐酢を火にかけ、沸いてきたら火を止め、水で戻した粉ゼラチンを入れて溶かす。粗熱が取れたら流し缶に流し入れ、冷蔵庫で冷やし固める。固まったらスプーンなどでかき混ぜ、ジュレ状にする。

サヨリのうぐいす造り

→67頁

材料

サヨリ…………………………2尾
キャベツの葉…………………1枚
酢取り茗荷……………………1本
ラディッシュ（輪切り）………適量
すだち…………………………1/4個

わさび、紫芽、南瓜のけん……各適量
桜人参……適量

作り方

1 サヨリは中骨に頭と尾を付けて三枚におろす。おろし身は腹骨をすき取り、小骨を抜き、皮を引き、短冊に切る。

2 尾頭付きの中骨は大根やオレンジなどを枕にし、頭と尾を立てるように形を整える。

3 引いた皮は素揚げにする。

4 器にかいた氷を敷き詰め、キャベツの葉をのせ、上に2の中骨をのせ、1の造り身を折り曲げながら盛り込む。酢取り茗荷と3の素揚げにした皮を盛る。

5 氷の上に水玉に飾り切りしたラディッシュを並べ、すだち、わさび、紫芽、南瓜のけんをのせ、桜形に飾り切りした人参を造り身の上に散らす。

車エビの湯ぶり造り

↓68頁

材料

車エビ……2尾
大根のけん……適量
パールめん……適量
大葉……1枚
わさび、紫芽、莫大海、すだち…各適量
もみじ人参、いちょう人参……各1枚

作り方

1 車エビは頭をはずし、尾ひと節を残して殻をむき、背に切り目を入れて背ワタを取る。

2 1の身は先に尾を熱湯につけ、色が変わったら身を湯に落として湯ぶりし、氷水に取って水気を取る。頭はボイルし、完全に火を通す。

3 青竹の器に大葉をのせ、1尾分の身と頭を盛り、パールめんを敷いた器にのせる。青竹の手前にもう一尾を盛り、わさび、紫芽、すだち、戻した莫大海を添え、もみじ人参、いちょう人参をあしらう。

車エビの湯ぶり造り 青竹盛り

↓69頁

材料

車エビ……3尾
大葉……適量
わさび、すだち……各適量
赤・黄パプリカ（あられ切り）、桜人参、かえる胡瓜、より胡瓜など　各適量

作り方

1 車エビは背ワタを取り、頭を切り落とし、尾ひと節を残して殻をむく。

2 1の身は先に尾を熱湯につけ、色が変わったら身を湯に落として湯ぶりし、氷水に取って水気を取る。頭はボイルし、完全に火を通す。

3 器に竹の器を重ね、かいた氷を敷き詰め、1の頭と身を交互に盛り、猪口に盛ったわさびとすだちを添える。パプリカ、桜人参、かえる胡瓜、より胡瓜などを彩りにあしらう。

伊勢エビのお造り

↓70頁

材料

イセエビのおろし身……150g
南瓜のけん……適量
すだち（スライス）……1枚
紫芽、わさび、食用花、より人参……各適量

作り方

1 イセエビは腹を上にしておき、頭と胴の間に庖丁を入れ、頭をはずす。胴の両脇に庖丁を入れ、腹の殻をはずし、指を差し入れて身を殻からはずす。

2 おろし身はぶつ切りにする。

3 器に南瓜のけんをおき、すだちを立てかけ、1の身を盛り、紫芽、わさび、食用花、より人参を添える。

剣先イカの変わり造り

↓71頁

材料

剣先イカのおろし身……1パイ分
はす芋……適量

錦糸卵……適量
大葉……適量
グリーンアスパラガス……適量
胡瓜のけん、茗荷のけん……各適量
紫芽、花穂じそ、より人参……各適量
わさび、おろし生姜……各適量

作り方
1 剣先イカのおろし身は3等分にサク取りし、1/3は糸造りにする。
2 1/3はさらに3等分し、イカ、はす芋、イカ、錦糸卵、イカと重ねて、食べやすく切り、博多造りにする。
3 残りの1/3は大葉を重ね、塩茹でしたグリーンアスパラガスを上に置き、端からくるくると巻いて鳴門造りにする。
4 器に胡瓜と茗荷のけんをおき、1〜3の刺身を盛り合わせ、紫芽、花穂じそ、より人参をあしらい、わさび、おろし生姜を添える。

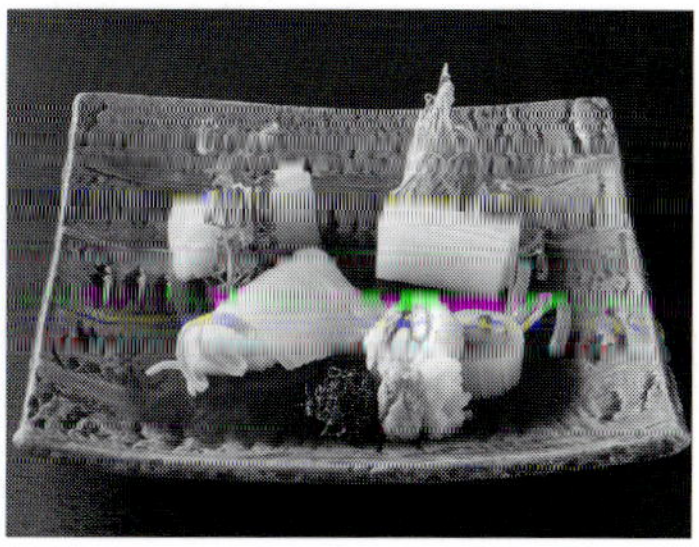

コウイカ花造り、焼き霜造り盛り合わせ

→72頁

材料
コウイカのおろし身……1/2パイ分
南瓜のけん、胡瓜のけん、大葉 各適量
春野菜（筍、そら豆、菜の花、マイクロラディッシュ、ふき、うるい、うど、芽甘草、こごみ、たらの芽、黄ニラ）……各適量
吸い地八方だし（→185頁）……適量
飾り切り人参……適量
刺身醤油、胡麻酢＊、梅肉……各適量

作り方
1 コウイカはコウを取り出し、足ごとワタを引き抜く。胴は水洗いして水気を取り、エンペラごと皮をむく。
2 1のおろし身を掃除してサクに取り、半量はそぎ造りにし、造り身数枚を少しずつ重ねて巻き、片側を開いて花にする。これを2つ作る。
3 残りの半量は表面に鹿の子庖丁を入れ、バーナーまたは直火で炙って焼き目をつけ、氷水に取って冷まし、水気を取り、食べやすい大きさに切る。
4 エンペラは皮をむき、細切りにする。足は食べやすく切り分け、茹でて水に取り、水気を取る。
5 器にかいた氷を敷き詰め、南瓜のけん、胡瓜のけんをおいて大葉を重ね、2の花造りを盛る。手前に3の焼き霜造りを盛り、4のエンペラと足も盛る。
6 間に、それぞれ茹でて吸い地八方だしにひたした春野菜を彩りよく盛り、飾り切りした人参をあしらう。別に刺身醤油と胡麻酢、梅肉を添える。

＊胡麻酢
●材料（作りやすい分量）
練り胡麻……100g
砂糖……小さじ1
酢……50mℓ
だし……25mℓ
煮切りみりん……25mℓ
淡口醤油……5mℓ
●作り方
練り胡麻と砂糖をすり混ぜてから残りの材料を加え、マヨネーズ状になるまですり混ぜる。好みの固さにだしでのばして使う。

コウイカの姿造り

→74頁

材料
コウイカのおろし身……1パイ分
パールめん……適量
大葉……1枚
すだち……1/4個
おろし生姜……適量
花穂じそ、より人参、食用花 各適量
筍……1本

作り方
1 コウイカはコウを取り出し 足ごとワタを引き抜く。胴は水洗いして水気を取り、エンペラごと皮をむき、掃除する。
2 1のおろし身をサクに取り 身の表面に縦に細かく庖丁目を入れ 薄造りにする。
3 1のエンペラと足は掃除し、ボイルする。
4 器にパールめんをおいて大葉を敷き、エンペラをのせ、1の造り身を盛る。足と飾り用の筍を盛り添え、すだち、おろし生姜、花穂じそ、より人参、食用花を添える。

タコの波造り

→75頁

材料

活けタコの足……65g
わかめ……適量
大根のけん、大葉、浜防風、わさび、
紫芽、より人参……各適量

作り方

1 活けタコの足は塩でもんでヌメリを出し、よく水洗いし、熱湯に入れて茹でて水に取り、波造りにする。
2 わかめはさっと湯通しして色を出し、切り整えて折りたたむ。
3 器に大根のけんをおき、大葉を敷き、1を盛り、わかめ、浜防風、わさび、紫芽、より人参を添える。

タコの薄造り

→76頁

材料

活けタコの足……65g
はす芋、黄ニラ……各適量
吸い地八方だし（→185頁）……適量
大根のけん……適量
花穂じそ、酢取り茗荷、
ラディッシュ（輪切り）……各適量
梅肉ゼリー＊……適量
梅肉醤油（→176頁）……適量

作り方

1 活けタコの足は塩でもんでヌメリを出し、よく水洗いして水気を取り、吸盤ごと皮をむき取る。
2 身は薄造りにして器に盛る。
3 吸盤は熱湯で茹でて氷水に取り、水気を取る。
4 はす芋は細切りにし、茹でて水気を絞る。黄ニラもはす芋と同じ長さに切り、さっと茹でて水気を絞る。それぞれ吸い地八方だしにひたす。
5 2の器の中心にはす芋と黄ニラを盛り、大根のけん、花穂じそ、酢取り茗荷、ラディッシュを添える。タコの造り身の上に3の吸盤、あられに切った梅肉ゼリーをのせ、別に梅肉醤油を添える。

＊梅肉ゼリー

●材料（作りやすい分量）

梅肉……100g
濃口醤油……75g
砂糖……50g
だし……250㎖
粉ゼラチン……20g

●作り方

だしで粉ゼラチンを戻して火にかけ、沸かさない程度に温めてゼラチンを溶かし、他の材料を加えて混ぜ合わせる。火を止めて粗熱を取ってから冷蔵庫で冷やし固める。

アカ貝の鹿の子造り

→77頁

材料

アカ貝……1個
青パパイヤの釜……1個
パールめん……適量
大葉……1枚
紫芽、青ねぎ（小口切り）、南瓜のけん、
すだち、マイクロトマト、莫大海……各適量

作り方

1 アカ貝は蝶つがいをはずし、貝むきなどを使って殻をあけ、身をはずし、身を取り出す。身とヒモに切り分け、身は厚みの半分に切り、ワタを取り除いて掃除し、水洗いして水気を取る。
2 1のヒモは、ワタなどを取り除いてから塩でもみ、水洗いして水気を取る。
3 殻はきれいに水洗いし、水気を取る。
4 1の身は鹿の子庖丁を入れ、半分に切る。
5 青パパイヤの釜にパールめんを敷いて3の殻をのせ、殻の中に大葉を敷き、4の身と2のヒモを盛り、紫芽、青ねぎ、南瓜のけん、すだち、マイクロトマト、戻した莫大海を添える。

アワビのそぎ造り

→78頁

材料

アワビ……1個
大根の釜……1個
南瓜のけん、大根のけん、大葉各適量
マイクロトマト……適量
人参、貝割れ菜……各適量
わさび……適量

作り方

1 アワビは粗塩をふり、タワシで身の表面をみがき、水洗いする。ワタをつぶさないようしゃもじなどを殻と身の間に差し入れ、ワタを殻に残して身をはがす。

2 取り出した身はクチとその周りのかたい部分を切り落とし、エンガワを切り離す。

3 2の身は表面に縦に数本筋目を入れ、薄いそぎ造りにする。

4 1の殻に残ったワタを殻からはずし、塩を入れた熱湯で茹でて水に取り、小さく切り、竹串に刺す。

5 大鉢にかいた氷を敷き詰め、大根で作った釜をのせ、中に南瓜のけんを盛り、きれいに洗ったアワビの殻をのせる。殻の中は大根のけんをおいて大葉を重ね、3を盛り、マイクロトマトをあしらう。

6 氷の上に4を刺し、花に作った人参、貝割れ菜、わさびを添える。

カキの湯ぶり

↓79頁

材料

カキ……………………1個
大根のけん……………適量
大葉……………………1枚
すだち………………1/4個
マイクロトマト、花穂じそ……各適量

作り方

1 カキは殻から身をはずし、大根おろしでもんで汚れを取り、水洗いしてからさっと湯に通し、氷水に取って冷まし、水気を取る。

2 殻をきれいに洗って器にのせ、大根のけんをおいて大葉を重ね、1のカキを盛り、すだちを添え、マイクロトマト、花穂じそをあしらう。

サザエのそぎ造り

↓80頁

材料

サザエ…………………1個
胡瓜（薄切り）………適量
酢取り茗荷、ラディッシュ（輪切り）、
　松葉うど、松葉胡瓜……各適量
酢味噌（↓190頁）……適量

作り方

1 サザエは殻にナイフを差し入れ、殻と身を回しながらワタごと身を取り出す。身からフタをはずしてエンガワを切り、クチバシを切り取り、塩でもんで水洗いし、水気を取る。殻は盛り付け用にきれいに洗う。

2 おろし身は砂袋を開いて内臓をしごき取り、薄いそぎ造りにする。

3 1の殻に薄切りにした胡瓜をおいて2の造り身を盛り、器に盛る。酢取り茗荷、ラディッシュを添え、松葉うどと松葉胡瓜を飾る。別に酢味噌を添える。

サザエの刺身　南瓜釜

↓81頁

材料

サザエ…………………2個
南瓜の釜………………1個
パールめん……………適量
大根のけん、大葉、わさび……各適量
水玉ラディッシュ、胡瓜のむきもの……………各適量

作り方

1 サザエは殻にナイフを差し入れ、殻と身を回しながらワタごと身を取り出す。身からフタをはずしてエンガワを切り、クチバシを切り取り、塩でもんで水洗いし、水気を取る。

2 おろし身は砂袋を開いて内臓をしごき取り、薄いそぎ造りにする。ワタは2つに切り、竹串に刺す。

3 器に南瓜で作った釜をのせ、中にパールめんを敷き詰め、きれいに洗ったサザエの殻をのせる。殻の中に大根のけん、大葉を重ね、そぎ造りの身を盛り、ワタの串とわさびを添え、ラディッシュ、かえるにむいた胡瓜をあしらう。

ツブ貝の刺身

↓82頁

材料

ツブ貝…………………1個

防風、より人参、もみじ紅芯大根……
……………………各適量
刺身こんにゃく（青海苔）………適量
茗荷のけん、紫芽、わさび……各適量

作り方

1 ツブ貝は殻から身を取り出して掃除し、身を開いて内臓を取り、塩でみがいてヌメリを取る。流水でよく洗い、水気を拭いてそぎ造りにする。

2 殻は流水できれいに洗い、水気を拭き取る。

3 器に殻をおき、そぎ造りの身を盛り、防風、より人参、もみじ形に飾り切りした紅芯大根を飾る。殻の手前に色紙に切った刺身こんにゃく、茗荷のけん、紫芽、わさび、もみじ紅芯大根を添える。

ホタテの湯ぶり博多

→83頁

材料

ホタテ貝……………………1個
すだち（スライス）……………2枚
ミニトマト（スライス）…………2枚
貝割れ菜、紫芽、わさび、花穂じそ
……………………各適量
蝶人参……………………1個

作り方

1 ホタテ貝は殻から身をはずし、貝柱からヒモとワタをはずし、掃除する。

2 1を熱湯にさっと通して氷水に取り、水気を取り、横3枚に切り、さらに半分に切る。

3 2のうち3枚は間にすだちを挟み、残りの3枚はミニトマトを挟んで器に盛る。貝割れ菜、紫芽、わさび、花穂じそを添え、蝶人参をあしらう。

タイラ貝の博多造り

→84頁

材料

タイラ貝……………………1個
蕗の葉……………………1枚
サラダほうれん草……………1枚
すだち（輪切り）……………適量
大根のけん、紫芽、わさび……各適量
蕗の花、より人参、蝶人参、
花びらトマト……………各適量

作り方

1 タイラ貝は殻からはずし、身からヒモやワタを取って掃除し、横3枚にへぐ。

2 1の殻をきれいに洗って水気を取り、蕗の葉を敷いた器におき、サラダほうれん草を敷き、すだちを挟みながら1の造り身を盛る。大根のけん、紫芽、わさびを添え、蕗の花、より人参、蝶人参、花びらに作ったトマトをあしらう。

タイラ貝の姿造り

→85頁

材料

タイラ貝……………………1個
大根のけん、大葉…………各適量
新生姜、菜の花、酢取り茗荷　各適量
紫芽、わさび…………………各適量
レモン……………………適量
うるい、アマランサスの花、チャービル、大根、黄菊、……各適量

作り方

1 タイラ貝は殻からはずして身を取り出す。貝柱からヒモやワタをはずして掃除する。

2 1の貝柱は厚みを何枚かにへぎ、その1枚は細かい格子状に切り目を入れ、鹿の子造りにする。

3 ヒモは塩でよくもんで流水で洗い、さっと茹でて氷水に取り、水気を取って食べやすく切る。

4 大皿に大根のけんをおき、きれいに洗った殻を立ててのせ、殻の間にも大根のけんをおき、大葉を重ね、2のへいだ身を盛り、殻の手前に鹿の子造りを盛る。新生姜、塩茹でした菜の花、酢取り茗荷、紫芽、わさびを添える。アマランサスの花やチャービル、飾り切りした大根、黄菊の花びらなどをあしらう。

5 小鉢に3のヒモを盛り、レモンを添え、4の大皿に盛り込む。

6 うるいを一輪挿しなどに挿し、大皿に飾る。

盛り合わせ・小鉢の刺身料理

刺身大鉢盛り込み

・伊勢エビの姿造り
・ウニの箱盛り
・ツブ貝の姿造り
・モンゴウイカの花造り
・中トロの角造り
・タイの引き造り
・タチウオの吉原造り
・アワビのそぎ造り

↓89頁

材料
伊勢エビ……1尾
ウニ……1箱
ツブ貝……2個
モンゴウイカの上身……1/3パイ
マグロ中トロ……30g
タイの上身……70g
タチウオのおろし身……30g
アワビの上身……70g
アワビのワタ……適量
けん（大根、人参、紅芯大根、胡瓜）……各適量
大葉……適量
あしらい（もみじ紅芯大根、もみじ胡瓜、より人参、浜防風、水玉胡瓜、ラディッシュ）……各適量
紫芽、わさび……各適量

作り方
1 伊勢エビは頭と胴を切り離し、殻から身をはずす。身は食べやすい大きさのぶつ切りにする。殻の上に大葉をのせ、造り身を盛る。
2 ウニは箱にきれいに並べ替え、あいたスペースに4種類のけんを盛る。
3 ツブ貝は殻から身を取り出し、掃除して身を開き、内臓を取り、塩でみがいてヌメリを取る。流水でよく洗い、水気を拭いてそぎ造りにする。殻は流水できれいに洗い、水気を拭き取り、造り身を盛る。
4 モンゴウイカは上身にしたものを用意してサク取りし、そぎ切りにして花造りにする。
5 マグロ中トロは棒状にサク取りし、角造りにする。
6 タイの上身はサク取りし、そぎ造りにする。
7 タチウオのおろし身はサク取りし、皮目に縦に切り目を入れ、短冊造りにする。
8 アワビは上身にしたものを用意し、表面に縦に切り目を入れ、そぎ造りにする。ワタは食べやすく切る。
9 大鉢にかいた氷を敷き詰め、大葉を敷き、1～8の刺身をバランスよく盛り込み、あしらいを散らし、敷き葉の上に紫芽、わさびをのせる。

刺身青竹盛り込み

・キンメダイの皮霜造り
・シマアジの引き造り
・サーモンのそぎ造り
・タイの引き造り

↓90頁

材料
キンメダイのおろし身……25g
シマアジの上身……30g
サーモンの上身……30g
タイの上身……30g
パールめん……適量
大葉……4枚
花穂じそ、ミニトマト、水玉ラディッシュ、浜防風、ベビーリーフ、食用花、より人参……各適量

作り方
1 キンメダイのおろし身はサク取りし、立て板に皮目を上にしてのせ、斜めに立てかけ、熱湯を回しかけ、皮がはぜてきたら氷水に取って冷まし、水気を取り、引き造りにする。
2 シマアジは上身にしたものをサク取りし、引き造りにする。
3 サーモンは上身にしたものをサク取りし、そぎ造りにする。
4 タイは上身にしたものをサク取りし、引き造りにする。
5 4つに仕切られた器にパールめんをのせ、大葉を敷き、1～4の造り身をそれぞれ盛る。花穂じそ、飾り切りしたミニトマト、水玉ラディッシュ、浜防風、ベビーリーフ、食用花、より人参を彩りよくあしらう。

タイとカンパチ、木の芽とミントの冷製スモーク風

↓91頁

材料
タイの上身……60g
木の芽……適量

カンパチの上身……………………50g
ミントの葉……………………………適量
発熱剤…………………………………2個
わさび、柚子胡椒………………各適量
刺身醤油（→176頁）、ポン酢醤（→176頁）…………………………各適量

作り方

1 タイは上身にしたものをサク取りし、そぎ造りにする。器に発熱剤をおいて網をのせ、上に木の芽をたっぷりとのせ、造り身を並べる。

2 カンパチは上身にしたものをサク取りし、そぎ造りにする。器に発熱剤をおいて網をのせ、上にミントの葉をたっぷりとのせ、造り身を並べる。

3 別にわさびと柚子胡椒、刺身醤油とポン酢醤油を添え、客前で発熱剤に水を注いで蒸気を出し、木の芽とミントの香りを移す。

春一番 花造り四色盛り（マグロ、タイ、サーモン、モンゴウイカ）

・マグロ赤身の花造り
・タイの花造り
・サーモンの花造り
・モンゴウイカの花造り

→92頁

材料

マグロ赤身……………………………40g
タイの上身……………………………40g
サーモンの上身………………………40g
モンゴウイカの上身…………………40g
大根……………………………………1本
大葉……………………………………4枚
イクラ…………………………………適量
マイクロラディッシュ………………1本
すだち…………………………………1個
こごみ…………………………………2本
菜の花、たらの芽……………………各適量
金山寺味噌……………………………適量
唐辛子味噌（→208頁）………………適量
茗荷、浜防風…………………………各適量

作り方

1 マグロ、タイ、サーモン、モンゴウイカはそれぞれサク取りし、そぎ造りにする。造り身を少しずつ縦に重ね、端から巻いて花造りにする。

2 大根をむいて釜に作り、4つのくぼみを抜き、このくぼみに大葉をのせ、1の花造り4種をそれぞれ盛る。モンゴウイカの花造りの上にイクラとマイクロラディッシュをのせる。半分に切ったすだち、茹でたこごみと菜の花、たらの芽をあしらう。

3 別器に金山寺味噌、唐辛子味噌を入れ、茗荷、浜防風を添える。

キンメダイとサーモンのフルーツカルパッチョ

→93頁

材料

キンメダイのおろし身………………20g
サーモンのおろし身…………………30g
パイナップル…………………………5カット
オレンジ………………………………3カット
キウイフルーツ………………………3カット
グレープフルーツ……………………3カット
土佐酢ジュレ（→195頁）……………適量
菜の花…………………………………2本
ラディッシュ（スライス）……………2枚
花穂じそ………………………………適量

作り方

1 キンメダイのおろし身は棒状のサクに取り、バーナーまたは直火で皮目を炙り、すぐに氷水に取って水気を取り、角造りにする。

2 サーモンは棒状のサクに取り、角造りにする。

3 パイナップルは横におき、籠の手になるよう上部を残して皮と果肉をくり抜き、籠型の釜に作る。くり抜いた果肉はサイコロ状に切る。

4 オレンジとグレープフルーツは薄皮までむき、サイコロ状に切る。キウイフルーツも同様に切る。

5 土佐酢ジュレをやや固めに作り、細かく切る。

6 パイナップル釜に1～5を盛り、土佐酢ジュレを散らし、塩茹でした菜の花、ラディッシュ、花穂じその花をあしらう。

お刺身チーズトースト

→94頁

材料

刺身（タイラ貝の貝柱、タイ、サーモン、マグロ）………………各適量
ミニ食パン……………………………4枚
ピザ用チーズ…………………………適量
マイクロラディッシュ、菜の花、チャー

ビル、クレイトニア、食用花……各適量

飾り用

クルマエビ……1尾

すだち（輪切り）……1枚

作り方

1 タイラ貝の貝柱やタイ、サーモン、マグロなどの刺身を用意する。前日残った刺身を活用し、昆布〆にしたものでもよい。

2 ミニ食パンに1の刺身をのせ、ピザ用チーズをのせ、チーズが溶けるまでトーストする。

3 2の上にマイクロラディッシュ、塩茹でした木の芽、チャービル、クレイトニア、食用花などをあしらう。器に盛り、中心にすだちをおき、鳥に見立てて茹でたクルマエビを飾る。

お刺身シューマイ

↓95頁

材料

マグロ、天使のエビ（殻をむいたもの）、サヨリ（上身）、アボカド、馬肉（赤身）、アワビ（上身）、タイラ貝の貝柱、サーモン（上身）、トラフグの白子（ボイルしたもの）、タイ（上身）……各適量

シューマイの皮……10枚

そら豆（茹でたもの）、木の芽、鴨頭ねぎ（叩いたもの）、マイクロラディッシュ、白髪ねぎ、食用花、マイクロトマト、チャービル、花穂じそ、タイの皮（湯引きしたもの）、紫芽……各適量

ミニ南瓜の釜……1個

金山寺味噌……適量

作り方

1 10種類のお刺身シューマイを作る。シューマイの皮は湯通しして氷水に取り、水気を取る。刺身は端身などを活用し、それぞれシューマイの皮で包む。

2 マグロにそら豆、天使のエビに木の芽、サヨリに鴨頭ねぎ、アボカドにマイクロラディッシュ、馬肉に白髪ねぎ、タイラ貝に食用花、アワビにマイクロトマト、サーモンにチャービル、白子に花穂じそ、タイに湯引きしたタイ皮と紫芽をのせる。

3 2を器に盛り、ミニ南瓜の釜に金山寺味噌を入れて添える。

タイとヒラメの冷酒器盛り

↓96頁

材料

タイの上身……35g

ヒラメの上身……35g

大根のけん、大葉、花穂じそ、紫芽……各適量

鴨頭ねぎ（小口切り）、もみじおろし……各適量

梅や桃の枝、バラの花など……各適宜

作り方

1 タイやヒラメなど白身魚の上身を2種類用意し、そぎ造りにする。

2 冷酒用の器のくぼみに大根のけんをおいて大葉を重ね、2種類の造り身をそれぞれ盛り、花穂じそ、紫芽を添え、盆にのせる。手前に別器に盛った小口ねぎ、もみじおろしを添える。

3 酒を注ぐ徳利の部分に水を入れ、季節の花を挿す。

お刺身ポットサラダ

↓97頁

材料

魚貝（マグロ、タイ、タコ、イカ、赤貝など）の端身……各適量

胡瓜、大根、人参、赤・黄パプリカ……各適量

吸い酢ドレッシング＊……適量

ミントの葉、紫芽、木の芽など……各適量

作り方

1 魚貝は刺身に作った残りの端身などを使い、さいの目に切る。

2 野菜も同様にさいの目に切る。

3 ポットに1の魚貝、2の野菜を入れ、吸い酢ドレッシングを注ぎ、ミントの葉や紫芽、木の芽など香りのものを加える。

＊吸い酢ドレッシング

●材料（作りやすい分量）

カツオだし……160ml

淡口醤油……10ml

みりん……10ml

酢……10㎖
砂糖……大さじ1
追いガツオ……20g
●作り方
カツオだしと調味料を合わせて火にかけ、沸いてきたら追いガツオをして火を止め、漉してから氷水をあてて冷ます。

刺身串四種

→98頁

材料
刺身（車エビ湯ぶり、白身魚、イカ、マグロ、アワビ、サヨリ）…各適量
野菜（椎茸旨煮＊、エリンギ、胡瓜、こごみ、茹で筍、里芋白煮）各適量
酢味噌（→190頁）、ポン酢醤油（→176頁）、カツオ味噌（→208頁）、刺身醤油（→176頁）……各適量

作り方
1 魚貝は刺身に作って残った端身などを使い、小さめのひと口大に切り揃える。
2 野菜は食感や食べ味の異なるものを数種類用意し、1と同じくらいの大きさに切り揃える。
3 竹串に1と2をバランスよく刺し、4種類の刺身串を作り、穴をあけた竹などに挿して提供する。別に酢味噌やポン酢醤油、カツオ味噌、刺身醤油を添える。

＊椎茸旨煮
●材料
干し椎茸……適量
煮汁（作りやすい分量）
カツオだし……150㎖
砂糖……大さじ1
濃口醤油……10㎖
酒……10㎖
みりん……20㎖
●作り方
干し椎茸はひと晩水につけて戻し、石づきを取り、煮汁で煮て味を含める。

チーズのお造り三種盛り

・タイのパルメザンチーズ
・サーモンのカマンベールチーズ
・カンパチのプロセスチーズ

→99頁

材料
タイの上身……適量
サーモンの上身……適量
カンパチの上身……適量
パルメザンチーズ、カマンベールチーズ、プロセスチーズ……各適量
南瓜のけん、マイクロトマト、木の芽……各適量
サラダほうれん草、菊花、なでしこ人参……各適量
ニューヨークレタス、貝割れ菜、桜大根、より胡瓜……各適量

作り方
1 タイとサーモン、カンパチはそれぞれ上身にしたものをサク取りし、そぎ造りにする。
2 タイの上にパルメザンチーズ、サーモンの上にカマンベールチーズ、カンパチの上にプロセスチーズをのせ、表面をバーナーで炙り、チーズに焼き目をつける。
3 タイのチーズ造りは、経木の舟に南瓜のけんを敷いた上に盛り、マイクロトマト、木の芽をあしらう。
4 サーモンのチーズ造りは、経木の舟にサラダほうれん草を敷いた上に盛り、菊花となでしこに飾り切りした人参をあしらう。
5 カンパチのチーズ造りは、経木の舟にニューヨークレタスを敷いた上に盛り、貝割れ菜、桜形に飾り切りして食紅で染めた大根、より胡瓜をあしらう。
6 器にかいた氷を敷き詰め、3〜4をのせる。

豆腐の台の刺身盛り合わせ

・コウイカの花造り
・サーモンの花造り
・タイの花造り
・マグロ赤身の花造り
・ヒラメの鹿の子造り
・タイラ貝のへぎ造り
・ガシラの焼き霜造り
・サザエのそぎ造り

→100頁

材料
コウイカの上身……30g
サーモンの上身……30g
タイの上身……35g
マグロ赤身……35g
ヒラメの上身……30g
タイラ貝の貝柱……25g

ガシラのおろし身……………………25g
サザエの上身…………………………25g
サザエの肝……………………………1個分
サザエのフンドシ……………………1個分
リーフレタス…………………………1枚
木綿豆腐………………………………1丁
イクラ…………………………………適量
貝割れ菜、菜の花、煎り卵、酢取り茗荷、
　たらの芽、大葉、ラディッシュ
　（輪切り）、マイクロトマト　各適量
わさび…………………………………適量

作り方

1 コウイカは上身にしたものをサク取りし、そぎ造りにして3〜4枚を縦にずらして並べ、端から巻いて一方を開いて花に造る。同様にしてサーモン、タイ、マグロ赤身も花造りにする。

2 ヒラメは上身にしたものをサク取りし、色紙に切り、表面に鹿の子庖丁を入れる。

3 タイラ貝の貝柱は身の厚みをへいだものを用意する。

4 ガシラのおろし身はサク取りし、皮目に縦の切り目を2本入れ、バーナーまたは直火で炙り、焼き目をつけ、氷水に取って冷まし、水気を取り、引き造りにする。

5 サザエの上身は薄めのそぎ造りにし、大葉の上にのせる。サザエの肝とフンドシはボイルして水に取り、水気を取る。

6 器にリーフレタスを敷き、水気を切った豆腐をのせ、上に1〜5を盛り合わせ、コウイカの花造りの上にイクラをのせる。

7 貝割れ菜、煎り卵をまぶした塩茹での菜の花、酢取り茗荷、茹でたらの芽、ラディッシュ、マイクロトマトをあしらい、わさびを添える。

白菜漬けの海鮮巻き（サーモン、タイ、カンパチ、コチ）

→101頁

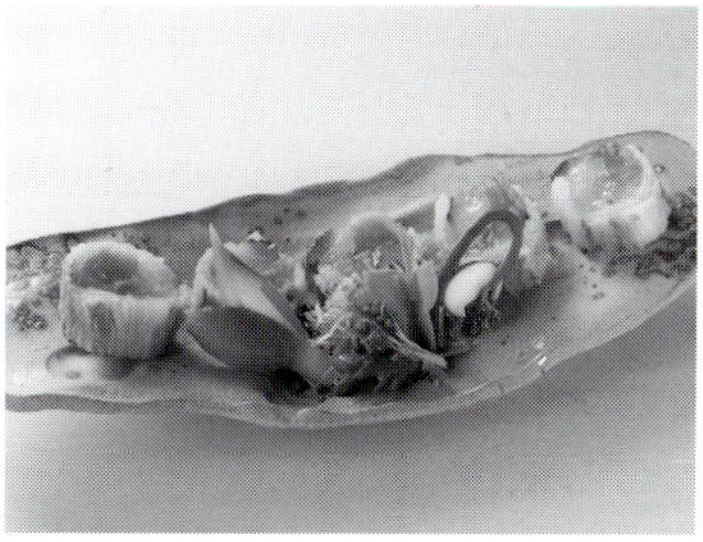

材料

サーモンの上身……………………15g
タイの上身…………………………10g
カンパチの上身……………………10g
コチの上身…………………………10g
白菜漬け……………………1〜2枚
大葉…………………………………1枚
茗荷のけん、そばスプラウト　各適量
酢取り茗荷、鍵わらび…………各1本
ラディッシュ（輪切り）、蝶人参……
　……………………………………各1枚

作り方

1 サーモンとタイ、カンパチ、コチは上身にしたものを用意し、それぞれ1センチ角くらいの棒状に切る。

2 白菜漬けは水気を絞ってラップの上に広げ、1の魚を4本市松に組んで並べ、端からラップごと巻き込む。形を整えてしばらくおき、ラップをはずして食べやすい厚みに切る。

3 器に2を切り口を上にして盛り、手前に大葉を敷き、茗荷のけん、そばスプラウト、酢取り茗荷、茹でた鍵わらび、ラディッシュと蝶人参をあしらう。

マグロとサーモンの巻き刺身

→102頁

材料

マグロ赤身…………………………30g
サーモンの上身……………………30g
大根、人参、うど、赤パプリカ各適量
うど、ごぼう、大根、はす芋、グリーンアスパラガス、黄パプリカ……
　……………………………………各適量
イクラ、からすみ………………各適量
飾り切り人参………………………適量
スイートチリソース＊……………適量

作り方

1 マグロ赤身とサーモンは4〜5センチ長さの拍子木切りにする。

2 大根、人参、うど、赤パプリカは4〜5センチ長さに揃え、それぞれ桂むきにし、立て塩につける。しんなりしたら水洗いして水気を取る。

3 芯にするうど、ごぼう、大根、はす芋、グリーンアスパラガス　黄パプリカも同様の長さに切り揃え、拍子木切りにし、それぞれ色よく茹でて水気を取る。

4 桂むきにした大根を7〜8センチ幅に切り、1のサーモン、3のごぼう、黄パプリカなどと一緒に巻く。残りの人参、うど、赤パプリカも、野菜と魚貝の組み合わせを適宜変えて、巻き刺身にし、楊枝で刺し留める。

5 器に4を立てて盛り、スイートチリソースを流し、イクラを散らし、すりおろしたからすみの粉をふり、飾り切りした人参をあしらう。

＊スイートチリソース

●材料（作りやすい分量）

酢…………………………………大さじ3
みりん……………………………大さじ3
砂糖………………………………大さじ3
塩…………………………………ふたつまみ
おろしにんにく…………………小さじ1/2
豆板醤……………………………小さじ1/2
片栗粉……………………………小さじ1/2

●作り方

材料をすべて合わせて火にかけ、かき混ぜながらとろみがつくまで2〜3分煮る。

サヨリとイワシの藤造り

↓103頁

材料
イワシの上身……1/2尾
サヨリの上身……1/2尾
すだち……1/4個
紫芽、わさび……各適量

作り方
1 イワシは上身にしたものを用意し、短冊に切り、少しずつ重ねながら身を横に並べ、中央で縦半分に切り、切り口を立てて藤の花にする。
2 サヨリは上身にしたものを用意し、短冊に切り、少しずつ重ねながら身を横に並べ、中央で縦半分に切り、切り口を立てて藤の花にする。
3 器のイワシとサヨリの藤造りを盛り、すだちと紫芽、わさびを添える。

アコウの姿造り

↓104頁

材料
アコウ……1尾
南瓜のけん、胡瓜のけん、ラディッシュのけん、大根のけん、人参のけん、茗荷のけん……各適量
大葉、紫芽、わさび、ラディッシュ、花穂じそ、すだち、より人参……各適量

作り方
1 アコウはウロコを引き、エラと内臓を取り除き、水洗いして水気を取り、中骨に頭と尾を付けて三枚におろす。
2 おろし身の半量は皮を引き、サク取りして薄造りにする。
3 残りの半量は皮目に筋目を入れてから、バーナーまたは直火で炙って焼き目をつけ、氷水に取って水気を取り、そぎ造りにする。
4 尾頭付きの中骨は頭と尾をはね上げるように大根の枕に竹串で固定し、器におく。中骨の上に大葉を敷き、薄造りの身を盛り、中骨の手前に焼き霜造りの身を盛る。胡瓜、ラディッシュ、大根、人参、茗荷のけんを造り身の周囲に盛り、ラディッシュ、花穂じそ、すだちを添える。わさび、紫芽、南瓜のけんを別器に盛ってのせ、より人参をあしらう。

メイタガレイの姿造り

↓105頁

材料
メイタガレイ……1尾
キャベツの葉……1枚
赤とさかのり……適量
茗荷のけん、大葉、わさび……各適量
飾り切りの南瓜、ラディッシュ、人参……各適宜

作り方
1 メイタガレイはウロコを引き、エラと内臓を取り除き、水洗いして水気を拭き、中骨に頭と尾をつけた五枚おろしにする。肝は別に取っておく。
2 尾頭付きの中骨は竹串を使って姿造り用に形を整え、舟にする。
3 おろし身は皮を引いてエンガワを切り離し、薄造りにする。エンガワは食べやすい大きさに切る。
4 1の肝はボイルし、適当な大きさに切る。
5 器にかいた氷を敷き詰め、赤とさかのりをおいてキャベツの葉を敷き、1の舟をのせ、3の造り身を盛る。小鉢に茗荷のけんをおいて大葉を重ね、エンガワと肝を盛り、姿造りの手前におく。飾り切りにした南瓜やラディッシュ、人参を適宜あしらい、わさびを添える。

ガシラの姿造り

↓106頁

材料
ガシラ……1尾
南瓜のけん、大根のけん……各適量
大葉……適量
貝割れ菜、わさび、紫芽……各適量

人参の花のむきもの……………………1個

作り方

1 ガシラはウロコを引き、エラと内臓を取り除き、中骨に頭と尾を付けて三枚におろす。

2 おろし身は腹骨をすき取り、小骨を抜き、サク取りして皮目に筋目を入れ、バーナーまたは直火で炙り、氷水に取って冷まし、水気を拭いてそぎ造りにする。

3 尾頭付きの中骨は大根などの枕を使い、頭と尾をはね上がらせるよう竹串で固定し、舟に作る。

4 器に南瓜のけんをおいて3の舟をのせ、大根のけんをおいて大葉を重ね、2の造り身を盛り、貝割れ菜、わさび、紫芽を添えて、むきものの人参の花を飾りにする。

キチジの姿造り

・キチジの皮と肝のポン酢和え
・キチジと筍の和え物

→107頁

材料

キチジ……………………1尾
レッドグレープフルーツ…………1個
大根のむきもの…………………1本
大根のけん、南瓜のけん、茗荷のけん、
大葉………………………各適量

・キチジの皮と肝のポン酢和え

キチジの皮、肝……………各適量
もみじおろし、ポン酢醤油（→176頁）
……………………………各適量
飾り切り人参、青味、マイクロトマト
……………………………各適量

・キチジと筍の和え物

キチジ端身……………………適量
筍八方煮………………………適量

作り方

1 キチジはウロコを引き、エラと内臓を取り除き、中骨に頭と尾を付けて三枚におろす。おろし身は腹骨をすき取り、小骨を取り、サク取りする。肝は別に取っておく。

2 おろし身の半量は皮を引き、薄造りにする。

3 残りの半量は皮目をバーナーまたは直火で炙り、氷水に取って水気を取り、そぎ造りにする。

4 キチジの皮と肝のポン酢和えを作る。2で引いた皮と1の肝をボイルし、もみじおろしと和えて小鉢に盛り、ポン酢醤油をかけ、飾り切りの人参、青味、マイクロトマトを添える。

5 キチジと筍の和え物を作る。キチジは刺身に引いたおろし身の端身などを使い、細かく切り、八方煮にした筍と和え、小鉢に盛る。

6 器に大根のむきものをおき、尾頭付きの中骨を頭と尾をはね上げるように形を整えて沿わせる。中骨の上に大根のけん、大葉をのせ、2の造り身を盛り、南瓜のけん、茗荷のけんを添える。4と5の小鉢2種も盛る。器の周囲に薄い半月切りにしたレッドグレープフルーツを並べる。

ベラの姿造り

→108頁

材料

ベラ………………………3尾
大根のけん、大葉…………各適量
南瓜のけん、胡瓜のけん、人参のけん
……………………………各適量
わさび、紫芽、木の芽……各適量

作り方

1 ベラは表面のヌメリを洗い、ウロコを引き、エラと内臓を取り除き、中骨に頭と尾を付けて三枚におろす。

2 おろし身は皮を引いてサク取りし、そぎ造りと細造りにする。

3 尾頭付きの中骨は尾をねじりながら頭につけ、竹串などで固定する。

4 器に3の尾頭付きの中骨をおき、中骨の中に大根のけん、大葉を重ね、2の造り身を盛る。南瓜のけん、胡瓜のけん、人参のけん、わさび、紫芽を添え、細造りの身の上に木の芽をのせる。

マナガツオの焼き霜姿造り

→109頁

材料

マナガツオ…………………1尾
大根のけん、大葉、貝割れ菜、紫芽、
花穂じそ、わさび………各適量
食用花、飾り切り人参……各適量
青梗菜のむきもの、りんごの釜
……………………………各適宜

作り方

1 マナガツオはウロコを引き、腹を開いてエラと内臓を取り除き、水洗いして水気を取り、中骨に頭と尾を付けて三枚におろす。

2 おろし身は腹骨をすき取り、小骨を抜き、サク取りする。皮目をバーナーまたは直火で炙り、焼き目がついたら氷水に取り、水気を取って引き造りにする。

3 器に青梗菜のむきものをおき、尾頭付きの中骨の頭を立てかけるようにのせ、大根のけん、大葉を重ね、2の造り身を盛る。りんごの釜にも大葉を敷いて造り身を盛り、姿造りの手前におく。貝割れ菜、紫芽、花穂じそ、わさびを添え、食用花、飾り切りの人参をあしらう。

舌ビラメの姿造り

↓110頁

材料

舌ビラメ……1尾
南瓜のけん、人参のけん、胡瓜のけん、茗荷のけん、赤とさかのり、大根のけん……各適量
刺身こんにゃく（青海苔、白）…適量
舌ビラメの真子……1尾分
酒、みりん、醤油……各適量
カツオ味噌＊……適量
酢味噌＊……適量
唐辛子味噌＊……適量
寒干し大根の漬物、芝漬け……各適量
中骨の骨せんべい……適量
貝割れ菜、紫芽……各適量
黄ニラ……適量
吸い地八方だし（↓185頁）……適量

作り方

1 舌ビラメはウロコをすき取り、腹を開いてエラと内臓を取り、中骨に頭と尾を残して五枚におろす。

2 1のおろし身は腹骨をすき取り、小骨を取り、エンガワをはずし、皮目をバーナーまたは直火で炙って焼き目をつけ、氷水に取って冷まし、水気を取り、そぎ造りにする。

3 1の尾頭付きの中骨は頭と尾をはね上げるように大根の枕に竹串を使って固定し、舟に作る。

4 器に3の舟をのせ、中骨の上に5種類のけんと赤とさかのりをこんもりと盛り、手前に2の造り身を盛り、刺身こんにゃくを添える。

5 別に酒とみりん、醤油で煮つけた舌ビラメの真子、カツオ味噌、酢味噌、唐辛子味噌、寒干し大根の漬物、芝漬け、中骨の骨せんべい、貝割れ菜、紫芽、茹でて吸い地八方だしにひたした黄ニラを添える。

＊カツオ味噌

●材料（作りやすい分量）
赤味噌……100g
卵黄……1個分
砂糖……30g
酒……30mℓ
みりん……20mℓ
カツオ節……5g

●作り方
材料の調味料と卵黄を合わせて弱火で練り上げ、仕上げにカツオ節を加えて混ぜ合わせる。

＊酢味噌

●材料（作りやすい分量）
白味噌……200g
砂糖……大さじ1
卵黄……1個分
みりん……30mℓ
酒……40mℓ
酢……120mℓ

●作り方
酢以外の材料を合わせて弱火で練り上げ、酢を加えてなめらかに溶きのばす。

＊唐辛子味噌

●材料（作りやすい分量）
白味噌……180g
砂糖……15g
卵黄……1個分
みりん……30mℓ
酒……40mℓ
一味唐辛子……小さじ1

●作り方
一味唐辛子以外の材料を合わせて弱火で練り上げ、仕上げに一味唐辛子を混ぜ合わせる。

コショウダイとウマヅラハギの姿造り

・コショウダイ引き造り
皮霜造り
・ウマヅラハギ細造りとも和え
花造り

↓111頁

材料

ウマヅラハギ……1尾
コショウダイ……1尾
ハネデューメロンのむきもの……1個
南瓜のけん、大根のけん、茗荷のけん……各適量
大葉、マイクロリーフ、スプラウト、わさび、すだち、花穂じそ……各適量
紫キャベツのむきもの、人参のむきもの、赤・黄パプリカ、マイクロトマト……各適宜

作り方

1 ウマヅラハギは頭のツノのうしろから胸ビレあたりまで庖丁を入れ、頭から身を引きはがす。頭から内臓を取り、肝を取り出す。頭は盛りつけ用に水洗いし、水気を取る。身は皮

を丸むきにして水洗いし、水気を取り、三枚におろす。

2 おろし身の腹骨をすき取り、薄皮もはぎ、サク取りし、細造りとそぎ造りにする。

3 1の肝を包丁で細かく叩き、細造りの身を和える。そぎ造りの身は少しずつ重ねて端から巻き、片側を開いて花に作る。

4 コショウダイはウロコを引き、エラと内臓を取り除き、水洗いして水気を取り、中骨に頭と尾を残し、三枚におろす。

5 おろし身の腹骨をすき取り、小骨を抜き、サク取りする。サクの1/4量は皮を残して皮目に熱湯をかけ、皮がはぜてきたら氷水に取り、水気を取り、引き造りにする。残りのサクは皮を引き、引き造りにする。

6 尾頭付きの中骨は大根の枕に竹串で固定し、頭と尾をはね上げるように作り、舟にする。

7 器にかいた氷を敷き詰め、奥側にウマヅラハギの頭とハネデューメロンのむきものをおき、メロンの中に南瓜のけん、大葉をのせ、とも和えにした身を盛る。手前にコショウダイの中骨をおいて大根のけん、大葉をのせ、引き造りと皮霜造りを盛る。あいたスペースに茗荷のけんをおいて大葉を重ね、ウマヅラハギの花造りを盛る。

8 マイクロリーフやスプラウト、花穂じそをあしらい、わさびとすだちを添える。紫キャベツのむきもの、人参のむきもの、パプリカを適宜飾る。

チビキとキンメダイの姿造り

↓112頁

材料

チビキ……1尾
キンメダイ……1尾
大根のけん、大葉……各適量
貝割れ菜、紫玉ねぎのけん、ラディッシュ……各適量
わさび、紫芽、花穂じそ、花蓮根、より人参、すだち……各適量

作り方

1 チビキは姿造り用に中骨に頭と尾を付けて三枚におろす。おろし身は腹骨をすき取り、小骨を抜いて皮を引き、そぎ造りにする。

2 キンメダイも同様に、中骨に頭と尾を付けて三枚におろし、腹骨、小骨を取り、おろし身の1/3量を残して皮を引き、引き造りとそぎ造りにする。残りのおろし身は皮目をバーナーで炙り、氷水に取り、水気を取って引き造りにする。

3 チビキとキンメダイの尾頭付きの中骨はそれぞれ大根の枕に竹串で固定し、頭と尾をはね上がらせるように形を整え、舟に作る。

4 器に大根のけんをおいて3をのせ、大葉を敷いて1と2の造り身をそれぞれ盛り、貝割れ菜、ラディッシュのけん、紫玉ねぎのけん、わさび、紫芽、花穂じそ、花蓮根、より人参、すだちを添える。

サケの親子和え

↓114頁

材料

サーモンの上身……30g
イクラ……大さじ1
パイナップル……適量
緑酢*……適量
酢取り茗荷……適量
菜の花……適量

作り方

1 サーモンとパイナップルは小さめの角切りにする。

2 器に1を盛り、イクラをのせ、緑酢をかけ、小さく切った酢取り茗荷と塩茹でした菜の花を添える。

*緑酢

●材料

胡瓜……適量
土佐酢（→176頁）……適量

●作り方

胡瓜をすりおろして水気を切り、土佐酢と混ぜ合わせる。

タコの酢味噌和え

↓115頁

材料

活けタコの足（皮をむいたもの）……40g
胡瓜……1/3本
酢味噌（→190頁）……適量
クコの実、紫芽……各適量

作り方

1 活けタコの足は皮をむいたものを用意し、薄い小口切りにする。

2 胡瓜は小口切りにし、立て塩につけ、しんなりとしたら水洗いし、水気を絞る。

3 1と2を合わせて酢味噌で和え、器に盛ってクコの実、紫芽をあしらう。

タイラ貝の梅肉和え

↓115頁

材料

タイラ貝の貝柱……………1/4個
タイラ貝の肝（ボイルしたもの）　1個
梅肉……………………………30g
煮切りみりん……………10mℓ
煮切り酒……………………10mℓ
アマランサスの葉……………適量

作り方

1 タイラ貝の貝柱と肝は小さめの角切りにする。

2 梅肉を煮切りみりん、煮切り酒でのばして味を調え、1を和え、器に盛り、アマランサスの葉をあしらう。

ノレソレの踊り食い

↓116頁

材料

ノレソレ（活けのもの）…………45g
メロンのむきもの……………1個
吸い酢＊………………………適量
マイクロリーフ………………適量
食用花…………………………適量

作り方

1 ノレソレは活けのものを用意する。

2 大鉢にメロンをむいた釜をおき、釜の中に小鉢を入れ、吸い酢を張り、マイクロリーフを沈める。大鉢にも水を張る。

3 ノレソレを大鉢に泳がせ、食用花を散らす。

＊吸い酢

●材料（作りやすい分量）

カツオだし…………………160g
淡口醤油……………………10mℓ
みりん………………………10mℓ
砂糖…………………………大さじ1
酢……………………………10mℓ
追いガツオ…………………適量

●作り方

材料の調味料を合わせて火にかけ、沸いてきたら追いガツオをして火を止め、漉してから冷ます。

アカ貝と大和芋の小川

↓117頁

材料

アカ貝の上身…………………適量
大和芋…………………………適量
酢………………………………適量
大葉……………………………適量
鴨頭ねぎ（小口切り）、もみじおろし、ポン酢醤油（↓176頁）………各適量

作り方

1 赤貝は上身にしたものを用意し、粗く刻む。

2 大和芋は皮をむき、すりおろす。

3 1のアカ貝をすりおろした大和芋にくぐらせ、酢につける。

4 器にかいた氷を敷き詰め、大葉を敷き、酢から取り出した2を盛る。別に鴨頭ねぎ、もみじおろし、ポン酢醤油を添える。

炙りサンマと焼き茸の梅肉ジュレ和え　柿釜

↓118頁

材料

サンマのおろし身……………適量
しめじ…………………………適量
まいたけ………………………適量
柿………………………………1個
梅肉ジュレ（↓198頁）………適量
はす芋…………………………適量
吸い地八方だし（↓185頁）………適量
赤パプリカ（細切り）、チャービル………各適量

作り方

1 柿はへたの部分を切り取り、果肉をくり抜いて釜に作る。

2 サンマは皮目をバーナーまたは直火で炙り、氷水に取って水気を拭き、食べやすい大きさに切る。

3 しめじとまいたけはそれぞれ石づき

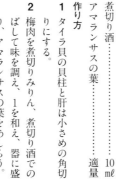

を切り、直火で炙る。

4 はす芋は皮をむいてさっと茹で、吸い地八方だしにひたし、小角に切る。

5 器に柿葉をのせ、2～4を梅肉ジュレで和えて器に盛り、赤パプリカ、チャービルをあしらう。

炙りタチウオのみぞれ酢和え

↓119頁

材料

タチウオのおろし身……40g
胡瓜……10g
みぞれ酢＊……適量
浜防風……適量
オレンジパプリカ（小角）……適量

作り方

1 タチウオのおろし身は皮目をバーナーまたは直火で炙って焼き目をつけ、氷水に取って水気を拭き取り、色紙造りにする。

2 胡瓜は小口切りにし、立て塩につけ、しんなりしたら水洗いして水気を絞る。

3 1のタチウオと2の胡瓜を合わせ、みぞれ酢で和えて器に盛り、浜防風を添え、オレンジパプリカを散らす。

＊みぞれ酢

●材料

土佐酢（↓176頁）……適量
大根おろし……適量

●作り方

土佐酢に水気を切った大根おろしを混ぜ合わせる。

サンマと胡瓜の二見寄せ

↓119頁

材料

サンマのおろし身……適量
胡瓜……適量
だし……適量
土佐酢（↓176頁）……適量
板ゼラチン……適量
酢味噌（↓190頁）……適量
赤万願寺唐辛子（小口切り）、チャービル……各適量
酢取り茗荷……1本

作り方

1 サンマはおろし身を用意し、塩をふって30分ほどおく。塩を洗い流して水気を取り、酢に7～8分つけて酢〆にする。

2 胡瓜は小口切りにし、立て塩につけ、しんなりしたら水洗いし、水気を絞る。

3 だしと土佐酢を合わせて火にかけ、沸いたら火を止め、水で戻した板ゼラチンを加えて溶かす。

4 3の粗熱が取れてから2の胡瓜を混ぜ合わせ、流し缶に流し入れ、上に1のサンマを並べ、冷蔵庫で冷やし固める。

5 器に食べやすい大きさに切った4を盛り、酢味噌をかけ、赤万願寺唐辛子、チャービルをあしらい、酢取り茗荷を添える。

タコの梅肉和え

↓120頁

材料

タコの足……40g
赤玉ねぎ（スライス）……10g
胡瓜（小口切り）……10g
梅肉……10g
煮切りみりん、煮切り酒……各適量
はす芋、赤・黄パプリカ……各適量

作り方

1 タコの足は塩でよくもんでヌメリを出し、水洗いして水気を取り、吸盤ごと皮をむく。身は蛇腹に庖丁を入れ、小さめのひと口大に切り、熱湯に落として湯ぶりし、氷水に取って水気を取る。皮から吸盤をはずし、同様に湯ぶりする。

2 赤玉ねぎは水にさらしてから水気を取る。

3 胡瓜は立て塩につけ、しんなりしたら水洗いし、水気を絞る。

4 梅肉を煮切りみりん、煮切り酒でのばし、1のタコの身と赤玉ねぎ、胡瓜を和えて器に盛り、はす芋、タコの吸盤を天にのせ、さっと茹でたパプリカをあしらう。

タコとツブ貝の黄身酢

↓120頁

材料

タコの足（茹でたもの）……20g
ツブ貝の上身……30g
黄身酢ゼリー＊……適量
はす芋……25g
吸い地八方だし（↓185頁）……適量
酢取り茗荷……1本
木の葉冬瓜、花穂じそ……各少量

作り方

1 タコの足は小さめのぶつ切りにする。ツブ貝はそぎ切りにする。

2 はす芋は皮をむき、さっと茹でて水に取り、水気を絞って吸い地八方だしにひたす。

3 器にタコとツブ貝、はす芋を盛り、小角に切った黄身酢ゼリーを散らし、酢取り茗荷を添え、木の葉冬瓜、花穂じそをあしらう。

＊黄身酢ゼリー

●材料
黄身酢（→176頁）……150g
土佐酢（→176頁）……50ml
カツオだし……100ml
砂糖……10g
板ゼラチン……1枚

●作り方
・板ゼラチン以外の材料を合わせて火にかけ、温まってきたら水で戻した板ゼラチンを加えて溶かし、流し缶で冷やし固める。

湯引きハモのいんげん巻き

→121頁

材料
ハモ（骨切りしたもの）……80g
さやいんげん（塩茹でしたもの）3本
らっきょう（酢漬け）……1個
ミニトマト……1個
ヤングコーン（茹でたもの）……1本
玉味噌（→190頁）……適量

作り方
1 ハモは骨切りしたものを用意し、10センチ幅に切る。熱湯に落として身が開いてきたら氷水に取り、水気を取る。
2 1のハモを皮目を上にして置き、さやいんげんを束ねてのせ、端からくるくると巻き、ラップに包んで形を整え、しばらくおいて形を落ち着かせる。
3 ラップをはずして食べやすい幅に切り、器に盛る。らっきょう、ミニトマト、ヤングコーンをあしらい、玉味噌をかけ、チャービル、花穂じそを飾る。

ハモの梅肉和え

→121頁

材料
ハモ（骨切りしたもの）……50g
胡瓜（小口切り）……適量
梅肉……適量
莫大海、花穂じそ……各適量
オクラ……1本

作り方
1 ハモは骨切りしたものを用意し、熱湯に落とし、身が開いてきたら氷水に取り、水気を取る。
2 胡瓜は立て塩につけ、しんなりとしたら水洗いし、水気を絞る。
3 1のハモと2の胡瓜を梅肉で和えて器に盛る。戻して小角に切った莫大海、塩茹でしたオクラを添え、花穂じその花を散らす。

フグ白子　デコポン釜

→122頁

材料
フグの白子……50g
デコポン……1個
大葉、もみじおろし、鴨頭ねぎ（小口切り）、すだち……各適量
より胡瓜、金魚人参、金魚大根……各適量

作り方
1 フグの白子は立て塩で丁寧に洗い、熱湯で3〜4分茹でて表面が固まったら氷水に取り、水気を取って食べやすい大きさに切る。
2 デコポンは上部を切り、果肉をくり抜き、飾り切りを施して釜に作る。
3 器にデコポンの釜をのせ、中に大葉を敷き、フグの白子を盛り、もみじおろし、鴨頭ねぎ、すだちを添え、より胡瓜、金魚に抜いた人参、大根を飾る。

ヒラメのからすみ和え

→123頁

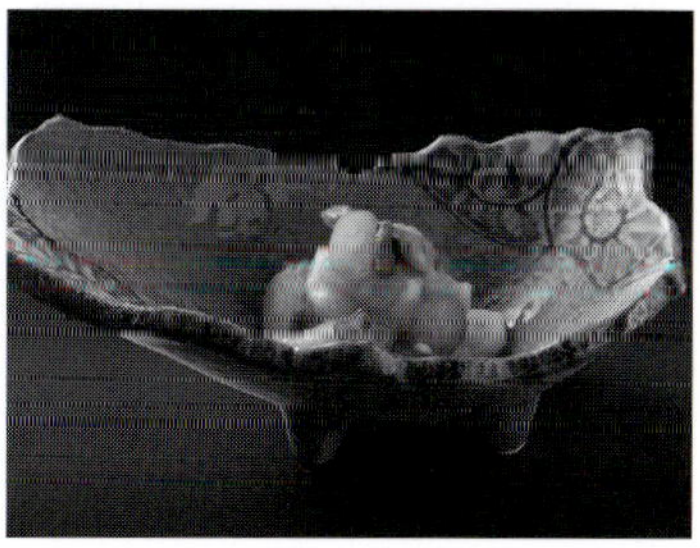

材料
ヒラメの上身……30g
からすみ……適量
オクラ（小口切り）、ワイン漬けらっきょう（小口切り）、グリーンアスパラガス、クコの実……各適量

作り方
1 ヒラメはおろし身を用意し、細造りにし、ほぐしたからすみで和え、器に盛る。
2 オクラとワイン漬けらっきょうを散らし、グリーンアスパラガスとクコの実を天盛りにする。

雲子の炙り

→123頁

材料
タラ白子……40g
胡瓜（薄切り）……15g
もみじおろし、青ねぎ（細切り）、紅芯大根（細切り）……各適量
すだち……1/4個
ポン酢醤油（→176頁）……適量

作り方
1 タラの白子は塩水で洗ってヌメリを取り、熱湯で茹でて氷水に取り、水気を拭き取る。
2 胡瓜は立て塩につけ、しんなりしたら水洗いして水気を絞る。
3 器にタラの白子と胡瓜を盛り、もみじおろし、すだち、青ねぎ、紅芯大根を添え、ポン酢醤油を縁から注ぐ。

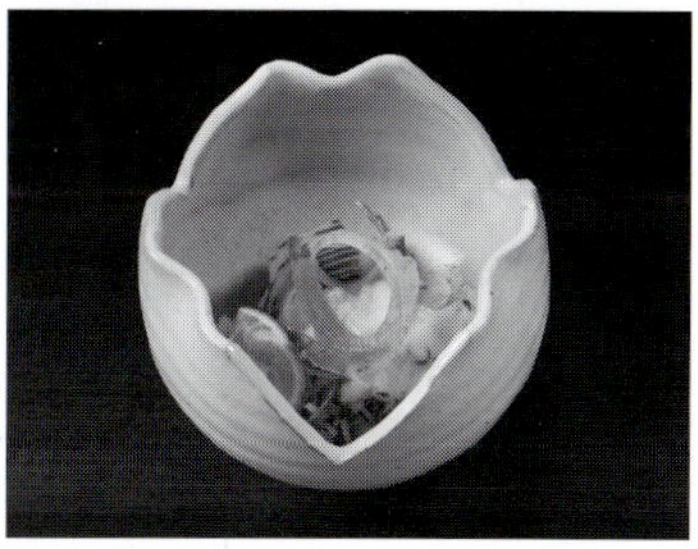

生ウニのわさびジュレがけ

→124頁

材料
生ウニ……40g
わさびジュレ＊……適量
青トマト……適量
長芋……10g
紅芯大根（細切り）、花穂じそ、チャービル、貝割れ菜……各適量

作り方
1 グラスに輪切りにした青トマトを敷き、生ウニを盛り、せん切りにした長芋をのせ、紅芯大根、花穂じその花、チャービル、貝割れ菜をあしらい、わさびジュレをかける。

＊わさびジュレ
●材料（作りやすい分量）
吸い酢
だし……160ml
酢……10ml
淡口醤油……10ml
砂糖……大さじ1
追いガツオ……適量
おろしわさび……5g
板ゼラチン……1/2枚

●作り方
吸い酢のだしと調味料を合わせて火にかけ、沸いたら追いガツオをして吸い酢を作っておく。吸い酢60mlを沸かし、火を止めてから水で戻した板ゼラチンを加えて溶かす。残りの吸い酢を加えてわさびを溶き混ぜ、冷蔵庫で冷やし固める。固まったらスプーンなどでかき混ぜ、ジュレ状にする。

ホタルイカの緑酢

→125頁

材料
ホタルイカ（ボイルしたもの）……5尾
わらび……適量
酢取り茗荷……適量
はす芋……適量
吸い地八方だし（→185頁）……適量
木の芽、花穂じそ……各適量
緑酢（→209頁）……適量

作り方
1 ホタルイカは目とクチバシを取る。
2 器に茹でて吸い地八方だしにひたしたはす芋、1のホタルイカを盛り、茹でたわらびと酢取り茗荷を添え、緑酢をかけ木の芽と花穂じその花を天盛りにする。

芽かぶのだし醤油

→125頁

材料
生芽かぶ……50g

胡瓜（小口切り）……1/4本
だし醤油＊……適量
叩き長芋……適量
ラディッシュのけん……適量
花穂じそ……適量

作り方

1 芽かぶはよく洗い、熱湯に入れてさっと茹でて、色が変わったら冷水に取り、水気を取り、細切りにする。

2 胡瓜は立て塩につけ、しんなりしたら水洗いして水気を絞る。

3 器に芽かぶと胡瓜を盛り、だし醤油をかけ、叩き長芋、ラディッシュのけんをのせ、花穂じその花を摘んで散らす。

＊だし醤油

●材料（割合）
だし……7
酢……1
淡口醤油……1

●作り方
材料を合わせて火にかけ、一度沸かしてから冷ます。

シラス三色盛り

・シラスの土佐酢ジュレ和え
・シラスの酢味噌和え
・シラスの辛子醤油和え

→126頁

材料
生シラス……30g
土佐酢ジュレ＊……適量
浜防風、おろし生姜……各適量
酢味噌（→190頁）……適量
菜の花、クコの実……各適量
辛子醤油＊……適量
マイクロトマト、貝割れ菜、花穂じそ……各適量

作り方

1 シラスは冷水でさっと洗い、水気を取る。

2 1のシラスを小鉢3つに盛り、それぞれ土佐酢ジュレ、酢味噌、辛子醤油をかける。土佐酢ジュレ和えには浜防風とおろし生姜、酢味噌和えには茹でた菜の花とクコの実、辛子醤油和えにはマイクロトマト、貝割れ菜、花穂じそをあしらう。

＊土佐酢ジュレ

●材料（作りやすい分量）
土佐酢（→176頁）……100g
カツオだし……250g
砂糖……大さじ1
パールアガー……20g

●作り方
土佐酢とカツオだしを合わせて火にかけ、沸いてきたら砂糖とパールアガーを加えて溶かし、火を止めて粗熱を取り、冷蔵庫で冷やし固める。固まったらスプーンなどでよくかき混ぜ、ジュレ状にする。

＊辛子醤油

●材料
刺身醤油（→176頁）……適量
溶き辛子……適量

●作り方
刺身醤油に溶き辛子を溶き混ぜ、好みの辛さにする。

フグの七化け

・フグのウニのせ
・フグの細造り　針柚子和え
・フグのオイル和え
・フグのあおさ海苔和え
・フグの明太和え
・フグの塩昆布和え
・フグのへぎ造り　トリュフ塩

→128頁

・フグのウニのせ

材料
フグの上身……35g
生ウニ……適量
刺身醤油（→176頁）……適量

作り方

1 フグはみがいたものを用意し、小さめのぶつ切りにする。

2 1を器に盛り、生ウニを天盛りにし、刺身醤油を少量かける。

・フグの細造り針柚子和え

材料
フグの上身……30g
針柚子……適量
大根おろし……適量
塩……適量
あられ、より人参……各適量

作り方
1 フグはみがいたものを用意し、細造りにする。
2 針柚子と大根おろしを混ぜ合わせ、1の造り身を和え、塩で味を調え、器に盛り、あられをふりかける。

・フグのオイル和え

材料
フグの上身……40g
ズッキーニ……1/4本
カシューナッツ……大さじ1
オリーブオイル……小さじ2
おろしにんにく……1/2片分
塩……適量

作り方
1 フグはみがいたものを用意し、引き造りにする。
2 ズッキーニは短冊切りにし、軽く塩をする。
3 カシューナッツはフライパンで乾煎りする。
4 1〜3を合わせ、オリーブオイルとおろしにんにくを加えて和え、塩で味を調え、器に盛る。

・フグのあおさ海苔和え

材料
フグの上身……30g
あおさ海苔……10g
蓮根せんべい……1枚

作り方
1 フグはみがいたものを用意し、細造りにし、あおさ海苔で和えて器に盛り、蓮根せんべいを添える。

・フグの明太和え

材料
フグの上身……30g
明太子……適量
かもじねぎ……適量

作り方
1 フグはみがいたものを用意し、細造りにし、ほぐした明太子で和えて器に盛り、かもじねぎを添える。

・フグの塩昆布和え

材料
フグの上身……25g
塩昆布……適量
翁昆布……適量

作り方
1 フグはみがいたものを用意し、細めの糸造りにし、塩昆布で和えて器に盛り、翁昆布をのせる。

・フグのへぎ造り　トリュフ塩

材料
フグの上身……30g
トリュフ塩＊……適量
マイクロトマト、より胡瓜……各適量

作り方
1 フグはみがいたものを用意し、そぎ造りにする。
2 1の造り身にトリュフ塩少量をふって和え、器に盛り、マイクロトマトとより胡瓜を添える。

＊トリュフ塩

●材料
トリュフ……適量
塩……適量

●作り方
トリュフを電子レンジにかけて乾燥させ、フライパンで乾煎りした塩と合わせ、すり鉢ですって細かくする。

■著者紹介

大田《おおた》　忠道《ただみち》

1945年兵庫県生まれ。「百万一心味　天地の会」会長。兵庫県日本調理技能士会会長、神戸マイスター、2004年春「黄綬褒章」受賞。2012年春「瑞宝単光章」受賞。中の坊瑞苑料理長を経て独立。現在、兵庫県有馬温泉で『奥の細道』『四季の彩』を開設。全国の旅館、ホテル、割烹等に多くの調理長を輩出。テレビ、雑誌でも活躍する一方、兵庫栄養製菓専門学校、ベターホーム協会などで調理を教える。著書に「だし　合わせ調味料便利帳」「新・刺身料理の調理と演出」「和食の人気揚げ物料理」「小鉢の料理大全」「人気の弁当料理大全」「人気の前菜・先付け大全」（以上、旭屋出版刊）など多数。

■撮影／吉田和行
■アートディレクション／國廣正昭
■デザイン／佐藤暢美　吉野晶子
■編集／駒井麻子

進化する刺身料理

魅力を高める刺身の料理づくりと調理技術

発行日　平成30年2月9日　初版発行

著　者　大田《おおた》　忠道《ただみち》

発行者　早嶋　茂
制作者　永瀬正人
発行所　株式会社 旭屋出版
〒107-0052
東京都港区赤坂1-7-19 キャピタル赤坂ビル8階
TEL：03-3560-9065（販売）
03-3560-9066（編集）
FAX：03-3560-9071

旭屋出版ホームページ　http://www.asahiya-jp.com
郵便振替　00150-1-19572

印刷・製本　株式会社シナノパブリッシングプレス

ISBN978-4-7511-1312-7　C2077